시장경제를 이해하기 위한
간결한 경제학 길잡이

시장경제를 이해하기 위한
간결한 경제학 길잡이

2011년 6월 20일 초판 인쇄
2011년 6월 25일 초판 발행

지은이 | 짐 콕스
옮긴이 | 황수연
책임교정 | 정난진
펴낸이 | 이찬규
펴낸곳 | 북코리아
등록번호 | 제03-01240호
주소 | 462-807 경기도 성남시 중원구 상대원동 146-8
      우림2차 A동 1007호
전화 | 02-704-7840
팩스 | 02-704-7848
이메일 | sunhaksa@korea.com
홈페이지 | www.bookorea.co.kr
ISBN | 978-89-6324-128-9 (93320)

값 12,000원

* 본서의 무단복제를 금하며, 잘못된 책은 바꾸어 드립니다.
* 이 도서의 국립중앙도서관 출판시도서목록(CIP)은 e-CIP홈페이지(http://www.nl.go.kr/ecip)와
  국가자료공동목록시스템(http://www.nl.go.kr/kolisnet)에서 이용하실 수 있습니다.
  (CIP제어번호: CIP2011002594)

시장경제를 이해하기 위한

간결한 경제학 길잡이

짐 콕스 지음 | 황수연 옮김

북코리아

"

자유 시장을 반대하는 대부분 논거의 밑바닥에 놓여 있는 것은
자유 그 자체에 대한 신념의 결여이다.

"

— 밀턴 프리드먼

역자 서문

경제학을 잘 모르는 사람들은 시장경제에 대해 오해하는 경우가 많다. 불행하게도 심지어 경제학자들도 잘못된 경제학을 옳다고 여기며 가르치는 경우가 많다. 짐 콕스(Jim Cox)는 이러한 경제학의 오류에는 어떤 것들이 있으며 그 진실은 무엇인가를 이 책,『간결한 경제학 길잡이』(*The Concise Guide to Economics*)에서 오스트리아학파의 관점에서 알기 쉽게 설명한다.

콕스는 기업가 정신, 임금, 화폐, 무역, 인플레이션에서 가격 통제, 바가지 씌우기 방지 법률에 이르기까지 총 37개의 시장경제 관련 주제들 ─ 중요한 주제들이 거의 다 망라되었다 ─ 에 관해 우리가 얼마나 잘못 알고 있는가와 아울러 그 각각에 대한 진실이 무엇인가를 이 책에서 설득력 있게 이야기하고 있다.

올바른 경제학을 알기 원하지만 두꺼운 책을 넘길 여유가 없는 사람들은 이 책을 곁에 두고 사전처럼 참고하면 도움이 될 것이다. 오해를 일으킬 수 있는 많은 경제학 주제가 이 책만큼 짧은 지면에 올바르게 설명된 책도 찾기 쉽지 않을 것이기 때문이다. 책의 두께는 얇으나 가르침은 깊고 넓으며, 무엇보다도 간단명료하다.

이 책에 대해서는 밀턴 프리드먼을 비롯해 수많은 사람이 찬사를 보냈다. 미국의 어떤 시민단체는 이 책이 경제학적 오류를 막는 가장 짧으면서 최상의 길을 제공하리라 보고 이 책을 수백 권씩 사서 교육용 교재로 사용하기도 하였다. 우리도 교육받은 바보가 되지 않으려면 이 책을 읽는 것이 도움이 될 것이다. 이 책의 번역은 이런 취지에서 이루어졌다.

마지막으로 이 책의 출간 제의를 흔쾌히 수락해주신 북코리아 이찬규 사장님께 감사드린다. 이 역서는 2011학년도 경성대학교 학술연구비 지원에 의해 출간되었다. 학교 당국의 지원에 감사한다.

2011년 6월
역자 황수연

머리말

이 책을 쓴 목적은 몇몇 어려운 경제학적 주제들에 흥미를 느끼는 독자가 큰 노력을 들이지 않고도 그 주제들과 자유 시장 관점을 파악할 수 있도록 하자는 것이다. 나는 그러한 참고 안내서 없이 경제학 교과서, 뉴스 기사 및 기타 저작들 그리고 토론들에서 몇몇 국가 통제주의 관점들에 대해 반격하려고 시도할 때마다 좌절한 경험이 있었기에 바로 그러한 책을 쓰기로 결심하였다.

독자는 이 책의 주제들이 자유 시장에 반대하는 필자들이 흠을 잡는 몇몇 가장 흔한 주제들임을 발견할 것이다. 그와 더불어 현대 경제학 강좌에서 개진되는 것들로서 본 저자가 흠을 잡는 몇몇 기술적인 항목들에 관한 분석도 있다. 나는 독자가 한두 쪽의 지면만으로 자유 시장 시각의 타당성과 반대 견해의 오류를 발견하게 되기를 희망한다. 여기 짧은 지면에는 견해들의 핵심이 제시될 것이고, 탐구하는 데 좀 더 관심이 있는 독자를 위해 참조할 수 있는 자료 목록도 더불어 제시하였다. 본 참고서는 경제 이론 그리고 자유 시장의 장점과 관련하여 개진된 모든 저작과 논거에 익숙하지 않은 사람들을 위한 대안적 정보원이 될 것이다.

CONTENTS

CONTENTS

Ⅱ
화폐와 금융

III

기술적인 사항들

I
기초와 응용

The Concise Guide To Economics

01
경제사상 학파들에 관한 개관

    오늘날 경제사상에 관해 연구한 네 개의 주요 학파들이 있다. 경제학을 이해하기 위해서는 이 네 학설들을 이해하는 것이 필요하다. 네 학파란 마르크스주의, 케인스론, 통화주의 그리고 오스트리아학파다.

    마르크스주의 경제사상은 1800년대 중반부터 후반까지 저술 활동을 한 카를 마르크스와 프리드리히 엥겔스의 저작에 토대를 두고 있다. 마르크스주의 사상은 사회가 원시 공산주의, 노예제, 봉건제, 자본주의, 사회주의 그리고 마지막으로 공산주의의 발전 단계를 거친다는 경제적 결정론에 토대를 두고 있다. 각 단계마다 경제 체제는 그 체제가 진행되는 동안 살아가는 사람들의 견해를 결정한다. 각 단계는 계급투쟁을 포함하고, 이로 인해 불가피하게 다음 사회 발전 단계에 이른다. 한 예로서, 봉건제는 지주와 농노 사이의 계급투쟁으로 다음 단계인 자본주의를 낳는다. 자본주의의 두 계급은 자본가와 근로자다. 자본가와 근로자 사이의 갈등은 근로 계급에 의한 자본주의의 전복을 초래하여 사회주의를 예고하고, 계급 갈등을 종식한다. 마르크스 이론은 사회주의 다음에는 궁극적인 인간의 운명 ― 공산주의 ― 에 이른다는 결론을 내린다.

케인스론의 견해는 존 메이너드 케인스의 저작들, 특히 1936년에 쓴 『일반 이론』(*The General Theory*)에 대해 이름이 붙여졌다. 믿을 수 없을 정도로 난해한 이 책에서 케인스는 개개 의사 결정자의 행동들에 대해 필요한 연결 없이 직접적으로 상호작용하는 ― 총공급, 총수요 같은 ― 경제 변수들의 총계 견해를 피력하였는데, 여기에서 '거시' 경제학이 수립되었다. 케인스론자들은 ― 너무 적은 수요는 실업을 야기하는 반면 너무 많은 수요는 인플레이션을 야기하므로 ― 정부가 나서서 총수요를 관리하라고 요구한다. 이로 인해 이론적인 양분(兩分)이 일어났다. 인플레이션 문제나 실업 문제 둘 중 하나는 일어나지만, 결코 이 두 가지가 동시에 일어나지는 않는다. 케인스는 자유 시장이 내재적으로 지나치게 많거나 적은 수요를 발생시키는 것으로 보았다. **따라서** (케인스를 추종하는 경제학자들이 일자리를 얻을 가망성을 위해 아주 편리하게도!) 케인스론자들의 지혜로 정보를 얻게 된 정부가 수요를 관리할 필요가 있다.

통화주의자들의 견해는 케인스론의 '거시' 접근법을 이어받은 밀턴 프리드먼과 그의 추종자들에 의해 아주 잘 대변된다. 통화주의자들은 이런 시각으로 경제를 보며, 지출이 아니라 총화폐 공급을 강조한다. 이리하여 '통화주의자'라는 이름이 붙여졌다. 통화주의자들은 인플레이션, 실업 그리고 경기 순환의 상승 및 하강과 같은 거시 경제 문제 이외의 문제들과 규제, 가격의 기능, 광고, 국제 무역 같은 영역들에서 개개 행위자를 자신들의 경제적 추론의 기초로서 간주하는 경향이 있다.

오스트리아학파는 1800년대 후반에 카를 멩거(Carl Menger)에 의해 시작되었고, 궁극적으로 루트비히 폰 미제스(Ludwig von Mises)에 의해 — 둘 다 오스트리아 출신이다 — 완벽하게 구축되었다. 오스트리아학파는 행동하는 개인을 모든 경제적 문제를 이해하는 궁극적인 기초로 보고 이것을 의식적으로 강조하는 일단의 사고를 개발하였다. 이러한 개인주의의 강조와 더불어 가치에 관한 주관주의적 견해와 모든 행동은 본래 미래 지향적이라는 정향이 존재한다. 이 책은 전반적으로 오스트리아학파의 전통에 따라 쓰였다.

Friedman, Milton, *Capitalism and Freedom* (Chicago: University of Chicago Press, 1962).

Keynes, John Maynard, *The General Theory of Employment, Interest and Money* (New York: Harcourt, Brace & Co., 1936).

Marx, Karl and Friedrich Engels, *The Communist Manifesto* (New York: Pocket Books, 1964).

Mises, Ludwig von, *Historical Settings of the Austrian School* (Auburn, Alabama: Ludwig von Mises Institute, 1984).

Rothbard, Murray N., *The Essential Ludwig von Mises* (Auburn, Alabama: The Ludwig von Mises Institute, 1983).

Schumpeter, Joseph, *History of Economic Analysis* (New York: Oxford University Press, 1978).

02
기업가 정신

    기업가 정신(entrepreneurship)이란 '이윤을 얻으려고 시장에서 인지된 기회들을 좇아 행동하는 것'으로 정의할 수 있다. 이러한 행동은 이윤을 올릴 가능성에 주의하고, 자금 조달을 준비하고, 자원을 관리하고, 계획을 완성하는 것을 포함한다. 새로운 재화와 서비스를 소비자에게 전달하는 데 수반되는 위험을 부담하므로 기업가들은 경제에서 영웅적인 인물로 간주될 수 있다. 루트비히 폰 미제스의 『인간 행동론』(*Human Action*)에 보면 이런 내용이 있다.

    그들은 물질적 진보로 가는 도정(道程)의 지도자들이다. 그들은 이루어진 것과 이루어질 수 있는 것 사이에 격차가 존재한다는 것을 맨 먼저 이해하는 사람들이다. 그들은 소비자들이 갖고 싶어 하는 것을 추측하

고 그들에게 이러한 것들을 제공하는 데 여념이 없다.(p. 336)

기업가 정신은 어느 모로 보나 그림이나 조각을 창작하는 것과 같은 예술이다. 사업을 운영하는 것과 예술 작품을 생산하는 것은 공통된 요소들이 많이 있다. 예컨대 일을 착안하고, 자원들을 구하여 그것들을 새롭고도 다른 어떤 것으로 결합하고, 궁극적으로 가치가 덜한 것으로 판명될지도 모르는 어떤 것을 생산하는 데 자신의 귀중한 자원들을 거는 것 등이다.

시장과 경쟁을 논할 때 기업가를 무시하는 경제학 교과서들이 매우 흔하다. 그 교과서들이 다루는 방식은 이윤을 올릴 가능성에 대한 주의(注意), 자금 조달의 준비, 자원 관리와 계획의 완성이 모두 시장경제에서 자동적이라고 암시한다. 하지만 그것들은 결코 자동적이지 않다. 실제로 살아 있는 인간들은 행동해야 하고(그리고 한 번이 아니라 계속), 상업이 진행되기 위해서는 이러한 위험들을 부담하도록 그들을 자극해야 한다.

완전 경쟁 이론은 그러한 사람에 대한 역할을 완전히 제거한다. 기업가의 역할이 무시되었던 이유 중의 하나는 실증주의(positivism)의 방법론 때문이다. 이 접근법은 경제 현상을 수학과 도표로 환원시킨다. 기업가 정신에 반드시 필요한 주의(注意), 활력 그리고 열정이라는 속성들은 수학과 도표화에 쉽게 의존할 수 없으므로 그러한 것들은 많은 경제학자에 의해 무시된다. 여기에서는 방법이 현실 세계 사건들을 대체한다. (위에서 예로 든 속성들과 같이) 방법에 들어맞지 않는 현실의 부분들을 내던져버리는 것과 그토록 중요한 현실 부분들을 인정하고 취급하는 방법을 발견하는 것 중에서 우리가 해야 할 일은 무엇인가?

Dolan, Edwin G. and David E. Lindsay, *Economics*, 6th edition, (Hinsdale, Illinois: Dryden Press, 1991), pp. 788-811.

Folsom, Burt, *Entrepreneurs vs. the State* (Reston, Virginia: Young America's Foundation, 1987).

Gilder, George, *The Spirit of Enterprise* (New York: Simon & Schuster, 1984), pp. 15-19.

Kirzner, Israel, *Competition and Entrepreneurship* (Chicago: University of Chicago Press, 1973).

Mises, Ludwig von, *Human Action* (Chicago: Henry Regnery Company, 1966), pp. 335-338.

Rothbard, Murray N., *Man, Economy, and State* (Los Angeles: Nash Publishing, 1970), pp. 528-550.

03
이윤 · 손실 체계

    자유 시장경제에서는 이윤 및 손실 체계가 중요시된다. 전형적으로 이윤이 강조되지만, 효율적인 경제를 위해서는 손실도 필요하다는 점이 이해되어야 한다. 일반 대중은 때때로 이윤의 본질을 잘못 해석한다. 이윤이란 기업에 의한 초과 청구 금액이나 인색한 행동이 아니다. 이윤은 가치를 창조한 것에 대해 자본가-기업가에게 주는 보상이다. 이것을 이해하기 위해서는 먼저 교환의 본질을 이해해야 한다. 두 당사자가 거래할 때는 자신들이 넘겨주는 것보다 더 큰 가치를 가진 어떤 것을 얻으리라 기대하기 때문에 그렇게 하는 것이며, 그렇지 않으면 교환하느라 자신들의 시간을 낭비하지 않을 것이다. 그러면 이윤의 본질은 무엇인가?

사업가는 투입 자원들 — 토지, 노동, 원료 등 — 을 얻어 다른 어떤 것을 생산하기 위하여 그것들을 재결합한다.

예를 들면, 자동차 제조업자는 4,000달러어치의 원료, 6,000달러어치의 노동, 1,000달러어치의 간접비(1만 1,000달러의 총비용)를 들여서 1만 5,000달러에 팔리는 자동차를 생산한다. 이 자동차가 1만 5,000달러에 팔릴 유일한 길은 소비자가 자동차를 얻기 위하여 기꺼이 돈을 내놓을 때뿐이고, 교환의 본질에 근거하여 소비자는 이 자동차를 자신이 가진 돈의 가치보다 선호할 때만 그렇게 할 것이다. 이와 같이 기업가는 1만 1,000달러어치의 자원들을 얻어서 그것들을 1만 5,000달러어치의 차로 재형성하여 4,000달러라는 이윤을 얻었다. 4,000달러의 이윤은 어디에서 왔는가? 대답은 제조업자에 의해 창조되었다는 것이다. 제조업자는 그것이 탄생하도록 하였다. 예술 작품을 만드는 것이 창조적인 행동인 것과 마찬가지로 이것도 창조적인 행동이다.

원료, 노동 그리고 간접비의 가치는 구매 의사를 가진 구매자들에게 그 품목들이 팔릴 가격이다. 그것들을 자동차로 재형성함으로써 제조업자는 자신이 세상에서 본 것보다 더 많은 가치를 생산했다. 이윤은 가치 창조의 표시다. 이윤을 발생시키는 것은 인류에게 이익을 주므로 찬양받고 명예를 얻을 자격이 있다.

이제 손실의 예를 들어보자. 손실은 너무 많은 금액을 청구하지 않아서 발생한 친절한 행동인가? 본질적으로 아니다. 1만 1,000달러의 투입 비용을 가진 같은 예를 들면, 만약 제조업자가 누구도 1만 1,000 달러 이상 주고는 사지 않을 자동차를 생산했다면 어떻게 될까? 만약 제조업자가 가격이 8,000달러로 떨어질 때까지 그 자동차를 팔 수 없다면 그것은 무엇을 의미하는가? 그것은 그가 아주 유익한 자원들 ─ 원료, 노동 및 간접비 ─ 을 얻어서 구매자들에게 단지 8,000달러 가치밖에 없는 것으로 그것들을 재결합했다는 것을 의미한다. 그는 세상에 있는 가치를 파괴했다. 그러한 행동은 인류를 곤궁하게 만들었으므로 비난받아 마땅하다. 그 사업가가 등장하지 않았더라면 세상은 3,000달러 가치만큼 더 부유했을 것이다.

다행히 자유 시장에서는 생산자들을 자극하여 소비자들이 선호하는 재화들을 생산하게 하는 데 사회적 경의(敬意)나 비난에 의존할 필요가 없다. 이윤은 성공적인 생산자들에게 생산을 계속하게 하고 자원을 더 광범위하게 통제하게 하는 반면, 손실은 성공적이지 못한 생산자들에게서 자원의 통제권과 생산을 계속할 능력을 박탈함에 따라 소비자들이 선호하는 재화들을 생산하는 일이 자연적으로 이루어진다.

또한, 시장의 아름다움에도 주목하라. 소비자 욕구 충족의 모든 실패, 불합리한 가격 책정 혹은 불합리한 생산 선택은 그와 똑같은 만큼 이윤을 얻을 수 있는 기회이기도 하다. 시장은 완전하지 않을지라도 자신을 교정하는 능력을 갖추고 있다. 따라서 개혁가들은 의미 있는 개혁을 가능하게 하는 바로 그 체제를 비난하기보다는 시장에서 탐지하는 어떤 부적합(inadequacy)이든 그것으로부터 얻을 수 있는 이윤을 거둠으로써 그 부적합을 교정하는 것이 더 나을 것이다.

이윤은 소비자들이 높이 평가하는 품목들을 생산하도록 자원을 사용하라는 신호이고, 손실은 저평가되는 품목들의 생산을 중단하라는 신호이다. 손실은 가치 있는 재화를 생산하는 사람들이 사용하도록 자원을 해방하는 데 필요하다. 거기에서 우리는 생산자의 이익과 소비자의 이익이 어긋나기보다는 조화를 이루는 것을 발견한다.

Friedman, Milton and Rose, *Free to Choose* (New York: Harcourt, Brace, and Jovanovich, 1980), pp. 9-38.

Gwartney, James D. and Richard L. Stroup, *What Everyone Should Know About Economics and Prosperity* (Tallahassee, Florida: James Madison Institute, 1993), pp. 21-23.

Hazlitt, Henry, *Economics in One Lesson* (New Rochelle, New York: Arlington House, 1979), pp. 103-109.

Mises, Ludwig von, *Planning for Freedom* (South Holland, Illinois: Libertarian Press, 1974), pp. 108-149.

Rand, Ayn, *Atlas Shrugged* (New York: Random House, 1957), pp. 478-481.

Rothbard, Murray N., *Man, Economy, and State* (Los Angeles: Nash Publishing, 1970), pp. 463-469.

04
자본가 기능

(노동 가치론에 근거한) 사회주의 이론에서는 이윤이란 '불가피하게 자본가들이 근로자들로부터 훔친 가치'라고 결론 내린다. 이러한 결론은 잘못된 것이다. 자본가의 기능은 근로자의 기능만큼 유용하므로 이윤은 임금만큼 정당화되어야 한다.

자본가가 경제에서 수행하는 두 가지 기능은 대기 기능(waiting function)과 위험 부담 기능(risk-bearing function)이다. 모든 생산 과정은 완성하는 데 시간이 필요하기 때문에 대기 기능이 발생한다. 생산적인 사업에 투자함으로써 소비를 포기하는 사람은 자본가다. 근로자는 일을 하는 것에 따라 임금을 지급받지만, 자본가는 완성된 제품이 일단 팔려야만 보상을 받는 부담을 갖는다.

위험 부담 기능이란 생산 과정이 반(反)생산적으로 판명될지 모르는 — 즉, 생산된 재화의 가치가 그것을 생산하느라 사용된 자원들의 가치보다 더 적을지 모르는 — 부담을 지는 기업가적 기능이다. 근로자에게는 자신이 한 일에 대해 임금이 지급되는 반면, 자본가는 완성된 제품이 성공적일 때에만 보상을 받는 부담을 갖는다.

대기 기능이나 위험 부담 기능 중 어느 하나가 폐지될 수 있을까? 아니다. 심지어 사회주의 경제에서도 이 두 기능은 발생해야 한다. 그것들은 생산 과정의 본질에 내재적으로 존재한다. 사회주의 경제가 자본가 기능을 폐지하는 가장 쉬운 방법은 근로자들에게 대기 기능과 위험 부담 기능을 억지로 떠맡기는 일일 것이다. 하지만 대부분 근로자가 이러한 선택 대안에 그다지 관심을 두지 않을 것임을 주목하라. 그들은 미래에 더 큰 보상이 주어질 가망성을 기대하고 버티기보다는 현재의 소비를 즐기는 것을 자유롭게 선택할 수 있고, 제품이 성공하는 경우에만 지급받기보다는 본질적으로 자신들이 한 일에 대해 지급받는 쪽을 좋아한다.

잘못된 사회주의 이론과는 현격히 대조적으로 근로자들과 자본가들의 관계는 조화롭다. 두 당사자가 스스로 선택한 방식으로 전문화하고 각자가 다른 쪽이 노력한 성과를 거두어들이는 곳에서 분업(division of labor)이 발생한다.

Block, Walter, *Defending the Undefendable* (New York: Fleet Press Corporation, 1976), pp. 186-202.

Hendrickson, Mark W. (ed.), *The Morality of Capitalism* (Irvington-on-Hudson, New York: Foundation for Economic Education, Inc., 1992).

Lefevre, Robert, *Lift Her Up, Tenderly* (Orange, California: Pinetree Press, n. d.), pp. 97-104.

Mises, Ludwig von, "The Economic Role of Saving and Capital Goods" in *Free Market Economics: A Basic Reader* edited by Bettina Bien Greaves (Irvington-on-Hudson, New York: Foundation for Economic Education, Inc., 1975), pp. 74-76.

_____, *Human Action* (Chicago: Henry Regnery Press, 1966), pp. 300-301.

Rothbard, Murray N., *The Essential Ludwig von Mises* (Auburn, Alabama: The Ludwig von Mises Institute, 1983), pp. 12-13.

05
최저임금법

　최저임금법은 중산 계급의 근로자들, 미래의 전문 직업인들 그리고 자영업자들이 법적으로 당연한 것으로 여길 수 있는 그런 기회들을 필요로 하는 미숙련자들에 대해 저지르는 커다란 민사 과실 중의 하나다. 최저임금법이 가난한 사람들에게 저지르는 과실이란 다른 사람들은 자기 자신의 복리를 위해 추구하는 바로 그 자유롭게 선택된 기회들을 그들에게는 거부하는 것이다.

　예를 들어 어느 중산 계급 20세 대학생은 주 노동 시간의 절반을 시간당 5달러에 시간제(part time)로 일하고 나머지 절반은 장차 자신의 고용 전망을 더 낫게 하기 위하여 수업을 들을 수 있다. 요컨대, 그 학생은 자신의 노력의 대가로 시간당 5달러가 아니라 40시간이라는 완전한 주 노동 시간에 대해 시간당 단지 2.50달러(20시간은 5달러씩 받고 일하고 20시간은 돈을 벌지 않고 수업을 듣거나 공부한다)라는 최저 이하의 임금을 벌고 있다. 그리고 여기에 만약 수업료와 책, 휘발유 비용이 포함된다면 그 학생은 마이너스 유효 임금(effective wage)을 벌고 있는 셈이다! 이는 그 학생의 자발적인 행동이다. 최저 이하의 임금을 받고 일하는 노고는 정부가 거부하지 않는 민권(civil right)으로서 자유로이 선택된다.

어느 유망한 30세 의사도 이와 비슷한 경제적 복리 노선을 선택한다. 20세 대학생의 사례에서와 같이 그 또한 대학에서 보낸 시간뿐만 아니라 의과대학에서 보낸 시간도 임금을 지급받지 못한다. 사실상 두 사람 모두 나중에 훨씬 더 높은 소득을 올리기 위하여 지금 배우는 데 지급한다. 그리고 미래의 의사는 이 선택권을 민권으로서 행사하는데, 그렇게 하지 못하게 할 법률은 없다.

한편 자신의 사업을 시작하는 어느 진취적인 사람은 새로운 모험 사업에 뛰어들어 이윤을 올리기 전에 여러 달, 심지어 여러 해 동안 종종 돈을 잃을 것이다. 그는 최저임금법이 규정한 것보다 훨씬 더 적은 임금을 벌고 있다. 그러나 그는 아주 자유롭게 기업가로서 그러한 일에 종사하고 있으며, 그것은 불법이 아니다.

그러나 대학 교육을 받거나 의료 경력을 쌓거나 자기 사업을 시작할 가망이 없는 미숙련 시민은 어떤가? 여기에서 정부의 고압적인 자세는 다른 사람들은 자유롭게 선택하는 선택 대안을 문자 그대로 불법화한다. 자신의 생산이 고용주에게 시간당 단지 3달러 가치밖에 없는 근로자에게는 대학 강의실이나 수습으로 일하는 병원의 공식적인 환경에서나 실제 기업 소유주로서가 아니라 작업장 자체에서 배울 기회를 위해 이 낮은 임금을 받아들일 기회가 거부된다. 이 페이지를 읽는 대부분 독자는 일단 일에 종사하는 것으로 — 공식적인 교육이 아니라 자신들의 직장에서 배우고 자신의 능력을 입증하는 것으로 — 임금이 증가하였다는 점이 확실하다.

최저임금법이 민권 문제라는 점을 의심하는 사람은 누구든 이 질문의 진위를 알아보기 위해서는 실업 통계를 보면 된다. 아래의 실업 수치는 식별 가능한 사회 부분들이 법적으로 차별받고 있다는 — 자신들의 낮은 생산 가치로 인해 자신들이 좋아할지도 모르는 임금과 직업 훈련의 조합을 법적으로 선택할 수 없는 처지에 놓이기 때문에 차별받고 있다는 — 점을 명백히 밝히고 있다.

(1996년 8월)

범주	실업률
전체	5.1%
16~19세	17.2%
16~19세 흑인	37.6%
25~54세	4.1%

출처: *Monthly Labor Review*, 1996년 10월

이러한 분석이 이루어지면, 소위 '유효 임금권(effective-wage rights)'이라고 하는 것이 "왜 몇몇 사회 부분들에는 거부되는가?" 하는 질문이 이루어져야 한다. 거기에 대한 답은 미숙련자들에게 그러한 권리를

거부하는 것이 아무런 부정적인 정치적 결과를 초래하지 않기 때문이다. 다른 집단과 달리 이 집단은 일반적으로 투표하지도 않고, 선거 운동 자금을 대지도 않고, 편집자에게 보내는 편지도 쓰지 않고, 정치적으로 자기 생각들에 귀 기울이게 하지도 않는다. 다른 사람들이 누리는 민권을 이 사람들에게는 거부할 수 있는데, 왜냐하면 그들은 정치적으로 중요하지 않기 때문이다.

최저임금법은 그것을 감당할 능력이 거의 없는 사람들의 집단에 정부가 가하는 학대인 반면, 정치가들은 더 친절하고 부드러워 보이는 편익을 수확한다. 그것은 제14차 수정 헌법의 평등 보호 조항(equal protection clause)을 명백하게 위반한 것이다. 따라서 가난한 사람들 자신의 이름으로 이 부끄러운 민사 과실을 폐지할 때가 되었다.

Brown, Susan, et al., *The Incredible Bread Machine* (San Diego: World Research Inc., 1974), pp. 80-83.

Friedman, Milton, *Bright Promises, Dismal Performance* (New York: Harcourt, Brace and Jovanovich, 1983), pp. 16-19.

Hazlitt, Henry, *Economics in One Lesson* (New Rochelle, New York: Arlington House, 1979), pp. 134-139.

Schiff, Irwin, *The Biggest Con: How the Government is Fleecing You* (Hamden, Connecticut: Freedom Books, 1976), pp. 164-178.

Sowell, Thomas, *Preferential Policies* (New York: William Morrow and Company, Inc., 1990), pp. 27-28.

Williams, Walter, *The State Against Blacks* (New York: McGraw-Hill, 1982), pp. 33-51.

06
가격 바가지 씌우기

    가격 바가지 씌우기(price gouging) — 긴급 상황에서 높은 가격을 부과하는 것 — 는 이해할 수 있지만 몹시 비뚤어진 강한 감정적 반응을 불러일으킨다.

    경제학자 월터 윌리엄스(Walter Williams)의 말을 빌리자면, "격정적인(passionate) 문제들은 냉정한(dispassionate) 분석이 필요하다." 긴급 상황에서 필수품에 대한 가격 인상으로 촉발된 격렬한 감정이 바로 그러한 사례이다. 그러나 다음에 제시하는 세 가지 분석 방법은 '가격 바가지 씌우기'가 불쾌하지 않을 뿐만 아니라 그것을 막는 것이 오히려 고통을 증가시킬 것이며 가격 바가지 씌우기가 바람직한 관행이기조차 하다는 점을 증명한다.

예를 들어 긴급 상황이 벌어진 동안 어떤 인기 있는 품목, 말하자면 허리케인 이후의 합판의 사례를 들어보자. 허리케인 이전에 합판은 미국 전역에 걸쳐 8달러라는 가격에 팔리고 있었다. 그러나 허리케인이 휩쓸고 간 후에는 50달러나 그 이상의 가격이 드물지 않을지 모른다.

첫 번째 분석 방법은 붉고, 희고 푸른(red, white and blue), 자유를 사랑하는 미국인들에게 가장 유의미할 것이다. 만약 어떤 사람(판매자)이 합판을 갖고 있고 그것을 50달러에 기꺼이 건네주려 한다면, 그 이유는 그가 그 합판을 갖고 있는 것보다 50달러라는 돈을 갖는 것을 더 선호하기 때문이다. 만약 또 다른 사람(구매자)이 50달러를 갖고 있고 합판을 받는 대가로 돈을 기꺼이 건네주려 한다면, 그 이유는 그가 그 합판을 50달러보다 더 선호하기 때문이다. 아무도 이 거래에 임하도록 강요당하지 않고, 자발적인 교환으로 개인적 자유가 보존되며, 거래는 서로에게 이익이 되는 결과를 가져온다. 서로 이익이 되는 결과를 가져오는 자유로운 재화 교환보다 자연스러운 행위가 있을까?

두 번째로, 가격 바가지 씌우기를 성공적으로 막는 노력은 우리가 든 예에서 바로 그 의도된 수혜자들에게 손해를 끼칠 것이다. 무수히 많은 요구와 함께 막대하게 증가한 합판 수요가 존재한다. 그와 동시에 폭풍우는 기존의 합판을 파괴했고(벽돌 조각 아래 묻히거나, 손상되거나, 상실되었고), 추가 공급품들을 그 지역으로 운송하는 것을 비정상적으로 어렵게 했다.

수요의 증가와 함께 감소한 공급량을 배분하는 방법으로서 가격이 증가하는 것을 막는 것은 더욱 심각한 부족과 더불어 합판이 가장 긴급하게 필요한 용도에 사용되지 못하는 결과를 가져올 것이다. 예를 들어 만약 누군가가 한 장의 합판을 8달러라는 법적 혹은 사회적으로 허용된 최대치에만 팔 수 있다면, 그는 잠재적인 구매자가 가장 절박하게 여기는 용도를 위해 그것을 건네주기보다는 어떤 비교적 사소한 용도를 위해 그것을 지니기로 결정할지도 모른다. 하지만 가격이 50달러로 형성되면 판매자의 선택은 달라질 것 같다. 가격 바가지 씌우기를 방지하기 위한 조치들을 집행함으로써 그에 따라 고통은 증가한다.

또한 재화의 가격은 수요와 공급의 실제 조건들에 의해 결정된다는 점도 지적되어야 한다. 거래하려는 구매자들과 판매자들의 의사와 능력은 긴급 상황 이전과 이후에 어떤 특정 가격이든 수립한다. 긴급 상황에서는 현실이 분명히 바뀌었다. 우리가 살고 있는 변화무쌍한 이 세계에서는 영구히 절대 변하지 않는 가격을 요구하는 것은 반동적이자 현실에 대한 반역이다.

그리고 마지막으로, 성공적인 '가격 바가지 씌우기'의 바람직한 효과는 더 높은 50달러라는 가격이 판매자들로 하여금 합판을 필요로 하는 시민에게 도달하는 합판의 공급을 증가시키도록 자극하는 데 있을 것이다. 실제로 재화를 재난 지역으로 보내는 비용이 손상 때문에 극적으로 증가한다. 트럭이 목적지에 도달하는 데 평상시보다 훨씬 오래 — 결국 시간은 돈이다 — 걸리고, 운전자와 트럭이 폭풍우의 영향을 받은 지역 안에서 옴짝달싹 못할 가능성이 또 하나의 추가적 비용이며, 약탈자들이 상인들의 재화를 탈취할 가능성 역시 증가한다. 이 모든 것과 기타 요소들은 과거 8달러 가격에서의 적하(積荷)를 억제하는 효과를 가지고 있다. 공급자는 이곳과 마찬가지로 어떤 다른 지역에서도 돈을 벌 수 있다. 필요한 공급을 자극하기 위해서는 이름이 잘못 붙은 가격 바가지 씌우기에서 초래되는 가격 증가가 활용되어야 한다. 그것은 재난으로 인한 희생자들이 그것 없이 지낼 수 없는 일말의 구제 수단이다.

이러한 분석은 자선 구호 기관들의 영웅적 노력을 깎아내리려는 것이 절대 아니며, 다만 구호 노력 외에도 재화가 필요한 때에 재화 흐름의 증가를 보장하기 위해서는 높은 가격 그 자체가 필요하다는 점을 잠시 고찰해보자는 것뿐이다. 높은 가격은 어떤 사람의 최초의 본능적 반응과 관계없이 무엇이 공정하고 무엇이 불공정한가에 관한 문제가 아니라 그 상황의 실제 사실들이 주어졌을 때 무엇이 일어나느냐에 관한 문제이다.

Block, Walter, *Defending the Undefendable* (New York: Fleet Press Corporation, 1976), pp. 192-202.

Brown, Susan, et al., *The Incredible Bread Machine* (San Diego: World Research Inc., 1974), pp. 29-43.

Hazlitt, Henry, *Economics in One Lesson* (New Rochelle, New York: Arlington House, 1979), pp. 103-109.

Rothbard, Murray N., "Government and Hurricane Hugo: A Deadly Combination" in *The Economics of Liberty* edited by Llewellyn Rockwell (Auburn, Alabama: The Ludwig von Mises Institute, 1990), pp. 136-140.

_____, *Power and Market: Government and the Economy* (Auburn, Alabama: The Ludwig von Mises Institute, 1991), pp. 19-26.

Sowell, Thomas, *Pink and Brown People* (Stanford, California: Hoover Institution Press, 1981), pp. 72-74.

07
가격 통제

    가격 통제는 가격 인플레이션을 멈추기 위해 시도되는 정치적 해결책이다. (인플레이션의 원인에 관한 설명은 제21장을 참조하라.) 통제는 작동하지 않으며 가격은 공급(판매하려는 의사와 능력)과 수요(구매하려는 의사와 능력)에 의해 결정된다. 시장을 청산하는 공급과 수요로부터 초래되는 가격은 가격 통제(법적인 가격 제한)에 의해 바뀌지 않는다. 법정 가격은 단지 실제 상황을 잘못 진술할 뿐이고, 실제 온도는 더 높을지 몰라도 온도계가 절대 72도보다 더 큰 값을 읽을 수 없도록 온도계에 마개를 다는 것에 비유할 수 있다. 공급 및 수요의 법칙은 폐기될 수 없다.

    사람들은 가격 통제를 하지 않는 경우보다 재화가 더 싸지게 하기 위한 수단으로서 가격 통제를 요구하곤 한다. 가격 통제는 재화를 더 싸게 하지 못하고, 수요량이 공급량보다 더 클 것이기 때문에 사실상 재화의 부족을 야기한다. 가격 통제는 부족을 야기할 뿐만 아니라 실제로 재화를 더욱 비싸게 만든다.

어째서 이렇게 되는 것일까? 가격 통제로 인해 초래되는 부족은 소비자들로 하여금 문제의 재화에 대해 판매자에 대한 가격 지급 이외의 방식을 선택하도록 한다. 미국의 경험으로부터 한 예를 들어보자. 휘발유 가격은 1971년 8월과 1981년 2월 사이에 법적으로 제한되었다. 휘발유가 법적으로 갤런당 40센트 이상 가격에 판매될 수 없었을 때, 추정된 자유 시장 — 공급 및 수요 — 청산 가격(clearing price)은 갤런당 80센트였다. 10갤런을 가득 채우면 소비자는 탱크 한 통(tank full)당 4달러(10갤런×80센트 대 40센트)를 절약하는 것으로 느낄 것이다. 소비자들이 판매자에게 직접 지급하고 있지는 않지만, 그들은 사실상 다른 방식으로 그 크기만큼 휘발유 가격을 비싸게 지급하고 있다.

아마도 가장 큰 비용은 소비자의 시간일 것이다. 부족 현상 때문에 구매를 위해 줄 서서 기다리는 데 대량의 시간이 소비된다. 시간은 돈이다. 소비자의 시간은 가치가 있다. 소비자의 시간이 시간당 2달러의 가치를 가진다는 최소 수치를 가정할 때, 휘발유를 가득 채우느라 두 시간을 줄 서서 기다리면 가격 통제로 인해 나타난다고 주장되는 절약이 모두 사라진다. 그러나 소비자는 이것만으로 지급을 다 끝낸 것이 아니다. 소비자가 줄 서서 기다리는 동안 소요되는 휘발유는, 말하자면 탱크 한 통을 가득 채우는 데 10센트가 들어가는, 또 다른 형태의 소비자 지급이다. 이로써 우리는 소비자에게 실제로 탱크 한 통당 추가로 10센트씩 더 부담시키는 가격 통제를 하고 있는 셈이다. 그리고 소비자에게는 아직도 더 많은 비용 부담이 기다리고 있다. 휘발유가 부족할 때 소비자가 반드시 피하고 싶은, 소비자에게 화나는 일(즉, 비용)에 해당하는 추가적인 정신적 에너지와 계획을 필요로 한다는 점에서 휘발유를 사는 데는 어려움이 있다. (소비자가 피하고 싶어 한다는 점을 의심하는가? 그러면 당신 자신의 행동을 점검해보시라. 휘발유를 가득 채우기 위해 차를 세우기 전에 당신은 지역에 있는 주유소들에 차례로 전화하는가, 아니면 점검하지 않는 것이 종종 필요 이상의 높은 가격을 지급하는 결과가 될 것이라는 점을 알고 있다 하더라도 당신은 그런 화나는 일을 피하는가?)

이러한 추가 비용들은 주유를 하기 위해 길게 줄 서서 기다리고 있는 동안 긴장이 높아지는 것으로부터 발생할 수 있는 폭력이나 그러한 폭력에 대한 두려움의 형태로 계속된다(1970년대, 가격 통제 기간에 이런 상황에서 실제로 총기 발사 사건이 일어났다). 또 다른 비용으로는 한 차에서 다른 차로 합법적이거나 심지어 불법적으로 휘발유를 옮기기 위한 사이펀 호스(siphon hose)의 구매를 포함할지 모른다. 또한, 휘발유를 사이펀으로 잘못 빨아올렸을 때는 그 자체가 심각한 건강 및 안전 비용을 수반한다.

휘발유의 공급보다 수요가 더 많다는 사실은 정상적인 구매자-판매자 관계를 뒤바꾸는 추가적인 소비자 비용을 발생시킨다. 정상적인 구매자-판매자 관계는 판매자가 소비자의 비위를 맞추는 관계이고, 판매자의 재정적 성공에 이르는 수단으로서 소비자를 만족하게 하려고 시도하는 관계이다. 그러나 가격 통제로 부족 현상이 유발되면 판매자의 한정된 재화 재고품으로 베푸는 특별 수혜자들 가운데 자신을 포함하기 위하여 판매자를 만족시켜야 하는 사람은 바로 구매자다! 1970년대에는 판매자들이 더 이상 일상적인 서비스 — 타이어 압력 점검, 오일 점검, 자동차 앞유리 닦기 등의 서비스 — 를 해주지 않음에 따라 이러한 입장 전도(顚倒)가 실제 행동으로 표현되었다.

이 모든 추가적인 소비자 비용은 그만큼 휘발유 비용을 자유 시장 가격보다 더 높일 뿐이다. 소비자들은 휘발유에 대한 자유 시장 가격을 직접 판매자에게 달러로 지급하는 것, 달러와 다른 비용들이 결합된 형태로 더욱 높은 통제 가격을 지급하는 것 중에서 선택할 수 있다. 그러나 휘발유에 대한 이 두 가지 지급 형태 사이에는 차이가 있다. 그 차이란 판매자에 대한 직접적인 달러 지급은 휘발유를 공급하도록 유도한다는 점이다. 그런 반면에 소비자가 다른 비용들로 지급하는 것은 그러한 공급을 자극하지 않는다.

Block, Walter, editor, *Rent Control, Myths & Realities* (Vancouver, British Columbia: The Fraser Institute, 1981).

Katz, Howard, *The Paper Aristocracy* (New York: Books in Focus, Inc., 1976), pp. 113-115, 117.

Reisman, George, *The Government Against the Economy* (Ottawa, Illinois: Caroline House

Publishers, Inc., 1979), pp. 63-148.

Rothbard, Murray N., *Man, Economy, and State* (Los Angeles: Nash Publishing, 1970), pp. 777-785.

Schuettinger, Robert and Eamonn F. Butler, *Forty Centuries of Wage and Price Control: How Not to Fight Inflation* (Washington, D. C.: The Heritage Foundation, 1979).

Skousen, Mark, *Playing the Price Controls Game* (New Rochelle, New York: Arlington House Publishers, 1977), pp. 67-86, 109-126.

08
규제

규제에 관한 인습적이지만 잘못된 이해는 소비자들이나 근로자들이 파렴치한 대기업들로부터 보호받을 필요가 있고 의회가 못된 기업들의 행동을 억제하라는 요구에 현명하고 열정적으로 반응한다는 것이다. 사실상 기업 규제는 그렇게 규제되는 기업들의 간청에 따라 그런 기업들을 위하여 부추겨졌고 지금도 그렇다. 요컨대, 규제란 기성 기업들이 마주치지 않기 원하는 잠재적 경쟁자들과 소비 대중에게 피해를 주는 기업과 정부의 협력이라고 할 수 있다.

이것이 순수한 이론적 근거에서 본 규제의 근본 상태다. 이렇게 되는 이유는 정부 기관에 의해 규제되는 어떤 기업이든 그 기관의 활동에 집중된 이해관계를 지니고 있으므로 그 기업에 이익이 되는 방식으로 규제가 실행되도록 하는 데 많은 시간과 돈을 쓸 것이기 때문이다. 반면에 소비자들은 가지각색의 이익을 지니고 있고, 어떤 산업이든 그 특정 산업과 그것에 영향을 미치는 규제에 관해 그저 사소하거나 우연한 관심만 지니고 있다. 바꿔 말하면, 기업은 규제가 발생하는 정치적 영역에서 자연스럽게 소비자를 이길 것이다.

몇 가지 예를 들어보자. 미국에서 규제 기관의 시조는 1887년에 철도를 규제하기 위해 설립된 주간통상위원회(Interstate Commerce Commission)다. 철도회사들은 여러 해 동안 자신들끼리 가격을 고정하려고 시도했으나 — 다른 회사들은 합의된 높은 가격을 지킬 것을 기대하는 반면 개별 철도회사는 거래를 늘리기 위해 스스로 가격을 깎았다 — 결국 개별 회사는 그러한 협정을 속이는 것이 자신에게 개별 이익이 된다는 것을 발견했을 뿐이다.

마침내 철도회사들은 의회가 ICC를 설립하도록 촉구했는데, 이는 가격이 깎이지 않도록 법적으로 보장받기 위해서였다. 그러다가 새로운 트럭 기술이 — 소비자들에게 이익이 되게 — 철도와 경쟁할 수 있게 되자 ICC는 철도에 이익이 되는 방식으로 트럭을 규제하기 시작했다. 이러한 트럭 규제들은 [트럭(truck)이 마치 트랙(track) 위를 운행하는 것처럼 하는] 지정된 노선, 최저 가격 그리고 트럭이 운반할 수 있는 화물과 화물을 운반할 수 있는 장소에 대한 제한으로 구성되어 있었다.

1938년부터는 항공회사에 대한 규제가 시작되었는데, 그때부터

1978년까지 40년간 설립 허가서가 부여된 새로운 대형 항공회사는 하나도 없었다. 이 40년간 항공기 기술은 프로펠러 추진기에서 제트 기로, 20인승에서 400인승으로, 시속 120마일 속도에서 600마일로 향상됨에 따라 항공 사업에 엄청난 변화가 일어났다. 그러나 민간항 공위원회(Civil Aeronautics Board)는 새로운 경쟁자들을 성장 산업에 허용 할 필요성을 찾지 못했다. 이 사실 하나만으로도 규제를 하는 목적이 소비자를 보호하는 것이 아니라 기성 항공회사들의 시장을 보호하는 것이라는 점이 아주 명백해진다.

규제라는 단어를 올바르게 이해한다면 경쟁자로부터의 기업 보호, 기성 기업에 대한 특권 그리고 소비자를 착취하려는 정부의 노력 같 은 생각들을 불러일으킬 것이다.

Felmeth, Robert, *The Interstate Commerce Omission* (New York: Grossman Publishers, 1970).

Friedman, Milton, *Bright Promises, Dismal Performance* (New York: Harcourt, Brace and Jovanovich, 1983), pp. 127-137.

Kolko, Gabriel, *Railroads and Regulation 1877-1916* (New York: W. W. Norton & Company, 1965).

_____, *The Triumph of Conservatism* (New York: The Free Press, 1963).

Stigler, George J., *The Citizen and the State* (Chicago: The University of Chicago Press, 1975), pp. 114-141.

Twight, Charlotte, *America's Emerging Fascist Economy* (New Rochelle, New York: Arlington House Publishers, 1975), pp. 70-112.

09 면허

면허는 규제의 하위 범주이므로 규제에 관한 기본적인 특징들은 모두 면허에 적용된다. 면허는 낮은 품질로부터 소비자들을 보호한다는 근거로 일반에게 판매된다. 사실상 면허가 하는 일은 면허받은 집단이 제공하는 서비스에 대해 낮은 가격을 받지 않도록 그 집단을 보호하는 것이다! 면허란 특수 이익 집단 — 면허받은 사람들 — 이 자신들을 위해 높은 가격을 발생시키려고 서비스의 공급을 제한하는 수단이다.

면허는 정부를 다양한 서비스에 대한 품질 기준의 의사 결정자로 설정함으로써 소비자들의 선호를 무력화시킨다. 요컨대, 특정 품질 수준이 법으로 설정되는데, 그렇게 함으로써 질이 낮은 서비스는 모두 금지되며 결과적으로 소비자의 주권을 빼앗는다. 많은 사람이 그러한 품질 기준을 정하는 것이 필요하다고 주장하겠지만, 종종 품질 기준은 실제로 제공되는 서비스와 거의 관계가 없다. 이발업 면허를 얻기 위해 '이발의 역사(History of Barbering)' 과정을 이수하도록 요구하는 것이 그러한 사례의 하나다.

그러나 소비자들은 소득 제한 때문에 종종 더 값싸고 더 낮은 질의 서비스를 더욱 선호하고 필요로 한다. 까다로운 면허 기준은 종종 많은 사람이 폴크스바겐을 원할 때 캐딜락을 타라고 요구하는 것과 마찬가지다. 또한, 결과적으로는 소비자들이 직면하는 더 높은 가격으로 말미암아 소비자들 스스로 하는 일이 더 많아지고 일을 미루는 경우도 더 많아져서, 면허가 소비자를 보호하는 경우보다 소비자를 위험에 빠뜨리는 경우가 종종 있다. 이 밖에도 강제적 면허에 대한 대안들도 있다. 자발적으로 인증된 품질 기준은 소비자로 하여금 자신이 선호하는 서비스 수준을 찾아다닐 수 있게 한다[예를 들어 언더라이터스 래버러터리(Underwriters Laboratories, 제품 안전 인증기관이 정한 규격), 굿 하우스키핑 실스(Good Housekeeping seals, 가정용품 인증기관에 의한 인장) 그리고 보험 요건 등이 있다]. 정부 면허는 그것이 없었더라면 존재할 대단히 많은 인증을 선점해버렸다. 이 인증들은 정치적 인력(引力)에 의해서라기보다는 — 의심할 나위 없이 소비자들에게 더욱 만족스러운 제도일 — 소비자 수요에 의해 추진될 것이다.

Friedman, David, *Hidden Order, the Economics of Everyday Life* (New York: HarperCollins, 1966), pp. 164-165, 214.

Friedman, Milton, *Capitalism and Freedom* (Chicago: The University of Chicago Press, 1975), pp. 137-161.

Rottenberg, Simon, *Occupational Licensure and Regulation* (Washington, D. C.: American Enterprise Institute, 1980).

Sowell, Thomas, *Markets and Minorities* (New York: Basic Books, 1981), pp. 41-43, 108, 110, 123.

Williams, Walter, *The State Against Blacks* (New York: McGraw-Hill, 1982), pp. 67-107.

Young, David, *The Rule of Experts* (Washington, D. C.: The Cato Institute, 1987).

10
독점

오늘날 경제학 교과서에서 볼 수 있는 전통적인 실증주의에 토대를 둔 방법론에서는 '독점(monopoly)'이라는 용어가 하강하는 수요 곡선에 직면하는 모든 기업을 지칭하는 것으로 왜곡되었다. 모든 기업이 하강하는 수요 곡선에 직면하므로 '독점'이라는 용어는 더 이상 의미가 없게 되어버렸다. 원래 독점이라는 개념은 국가에 의해 부여되는 배타적 특권이나 문자 그대로 단독 판매자를 의미했다. 심지어 경제학 교과서들도 이것들을 독점의 유형이나 원천으로 인정한다.

올바르게 이해될 때 몇몇 타당한 독점 예들은 우편 독점(다른 누구든 1종 우편물을 편지당 3달러 이하에 배달하는 것은 불법이다), 대부분 전력회사들과 케이블 TV 회사들(마피아 세력권의 개념과 아주 흡사하게 다른 누구든 그들의 영역에서 이런 서비스들을 판매하는 것은 불법이다), 많은 도시에서의 택시(국가가 수량을 제한하는 값비싼 택시 영업 면허증 없이 운행하는 것은 불법이다) 그리고 (이용하지 않더라도 토지 소유자들에게 비용을 지급하도록 강제하는) 공립학교를 포함할 것이다.

자유 시장에서 발생하는 독점에 대해 고민하는 많은 개혁가들조차 아이러니하게도 정부가 독점하는 큰 무리 — 미국 내의 우편 업무, 주 복권, 공립학교, 고속 공공 여객 수송 등 — 에 대해서는 절대 불평하지 않는다. 이에 대해 확인하고 싶다면 랠프 네이더(Ralph Nader)의 『독점 형성자』(The Monopoly Maker) 같은 책을 참조하라. 개혁가들을 기분 나쁘게 만드는 것은 독점이 아니라 사적 소유, 기업 그리고 자유 시장이라는 결론을 얻을 수 있을 뿐이다. 왜냐하면, 확실히 미국 우정공사(Postal Service)가 일상적으로 그리고 앞으로도 수십 년간 행사할 독점력은 기업이 자발적인 소비자 애호로 누릴지도 모를 그 어떤 독점력보다 훨씬 더 크기 때문이다. (단독 판매자라는 의미에서) 시장에서 얻게 되는 어떤 기업 독점도 우정공사나 기타 정부에서 부여한 독점들이 일상적으로 행하는 것처럼 자신의 경쟁자들을 강제적으로 제거할 수도 없고, 자신의 고객들로부터 수입을 강제적으로 요구할 수도 없다.

Armentano, D. T., *Antitrust and Monopoly: Anatomy of a Policy Failure* (New York: John Wiley & Sons, 1982), pp. 42-43.

Branden, Nathaniel, "Common Fallacies about Capitalism" in *Capitalism the Unknown Ideal* edited by Ayn Rand (New York: New American Library, 1967), pp. 72-77.

Brown, Susan, et al., *The Incredible Bread Machine* (San Diego: World Research Inc., 1974), pp. 66-79.

Brozen, Yale, *Is Government the Source of Monopoly?* (San Francisco: Cato Institute, 1979).

Burris, Alan, *A Liberty Primer* (Rochester, New York: Society for Individual Liberty, 1983), pp. 226-237.

Rothbard, Murray N., *Man, Economy, and State* (Los Angeles: Nash Publishing, 1970), pp. 587-620.

11
독점 금지

전통적인 독점 금지법(독점을 막기 위한 법) 이론은 남북전쟁 이후에 대규모 기업의 대두와 함께 기업들이 자신들의 시장을 지배할 수 있게 됨으로써 소비자들에게 영향력을 행사했다는 데서 출발한다. 대중의 필요에 반응하여 의회는 셔먼 독점 금지법(Sherman Anti-Trust Act)을 통과시켰고, 그런 법들은 그 이후 좋은 일을 했다. 하지만 이러한 전통적인 견해는 크게 잘못된 것이다.

사실상 독점 금지법의 기원은 정치적으로 영향력 있는 기업들이 주(州)법들을 저지하기 위해, 국가의 권력을 자신들의 기업 경쟁자들에 맞서서 사용하기 위해 그리고 법안의 작성자가 주요 기업의 수장에게 정치적 보복을 하기 위해 국가 법(national law)을 통과시킨 데 있다.

결과적으로 그 법들은 소비자에게 봉사하지 못했을 뿐 아니라 정확하게 표현하자면 그 반대였는데, 생산적이고 비용과 가격을 깎는 기업들에 해를 끼쳐 소비자들을 희생시켰다.

두 가지 유명한 독점 금지 사건이 그 이유를 설명해준다. 1911년에 발생한 스탠더드 오일 사건(Standard Oil Case)은 회사를 33개의 별개의 조직으로 분할했다. 스탠더드 오일에게 무슨 혐의가 있었을까? 판사는 스탠더드 오일이 석유 사업의 각 단계들 — 유정, 송유관, 정유 공장 등 — 을 통합함으로써 그리고 소규모 통합되지 않은 단계들을 사들임으로써 이런 별개의 기업들이 서로 경쟁하는 것을 막고 있다고 판결했다. 하지만 어느 단계에서도 스탠더드 오일이 고전적인 원고 측의 독점 반대 이의 제기 사항인 가격을 올렸다거나(가격은 계속해서 떨어졌다), 산출량을 제한했다는(산출량은 계속해서 증가했다) 혐의가 발견되지 않았다. 스탠더드 오일은 소비자들의 필요들을 매우 잘 충족시킴으로써 미국 내에서 가장 큰 석유 생산자로서의 지위를 획득했다.

법정에서 사건이 마무리되었을 때, 시장 자체에서의 자연스러운 발전 때문에 스탠더드 오일의 시장점유율은 90%에서 60%로 떨어졌다. 법정에까지 갈 수밖에 없었다는 것이 필연적이었다고 가정하더라도 텍사스에서의 석유의 발견으로 인한 자유 경쟁, 등유에서 다른 석유 제품들로의 이동 그리고 전기의 대두로 인해 그것은 시대에 뒤떨어지게 되었다. 이런 사건들에 제동을 걸기 위해 스탠더드 오일이 할 수 있었던 일은 아무것도 없었다. 이것을 정부에 의해 인가된 독점과 비교해보라!

스탠더드 오일 사건은 '이성의 규칙(rule of reason)'이라고 알려진 독점금지법 이론의 선례가 되었다. 그러나 아르멘타노(D. T. Armentano)가 설명했듯이 사실에 대한 언급 없이 이 규칙이 어떻게 합리적(reasonable)일 수 있는가?

1945년의 알코아 알루미늄 사건(Alcoa Aluminum Case)도 마찬가지로 터무니없다. 알코아는 수십 년간 독점적인 1차 알루미늄(primary aluminum) 생산자였는데, 알루미늄이 아주 귀하고 알려지지 않아 금보다 값이 더 나갈 때 처음 생산을 시작했다! 몇 년에 걸쳐 알코아는 시설과 제조방법을 발전시켜 비용과 가격을 낮춤으로써 시장을 확대할 수 있었다. 스탠더드 오일 사건에서와 같이 알코아가 높은 가격을 부과하고 있다거나 산출물을 제한하고 있다는 주장은 없었다. 그러면 판사는 무엇을 위법이라 보았을까? 판사의 판결은 아래와 같은 믿을 수 없는 단락을 포함하고 있었다.

그들(알코아)이 항상 주괴(鑄塊, ingot)의 수요 증가를 예상해서 공급을 준비할 필요는 없었다. 다른 기업들이 그 분야에 뛰어들기 전에 생산 능력을 더 늘리라고 강요한 것은 아무것도 없었다. 그들은 경쟁자들을 절대 배제하지 않았다고 주장한다. 그러나 기회가 있을 때마다 각 기회를 점진적으로 포착하고, 경험·거래 관계·정예 직원이라는 이점을 이용하여 이미 큰 조직과 연결된 새로운 생산 능력으로 하나하나의 신참 모두에 맞서는 것보다 더 효과적인 배제를 우리는 상상할 수 없다.

명백하게 독점 금지 이론은 문자 그대로 물구나무서기로 변하여 소비자에게 좋은 서비스가 법정에서는 오히려 오점이 되었다. 만약 알코아가 무능하게 운영되는 조직이어서 시장에서 상당한 몫을 얻지 못했다면, 판사는 (만약 그가 알코아에 관해 판결할 기회를 얻었더라면) 알코아야말로 훌륭한 시민 회사(citizen company)의 본질이라고 보았을 것이고, 칭찬의 뜻으로 머리를 쓰다듬었을 것이며, 자기 실수를 계속하도록 다시 제 갈 길로 보내어 분명히 소비자들을 희생시켰을 것이다. 판사가 알코아를 유죄로 판결하던 바로 그때, 미국 의회는 제2차 세계 대전을 치르는 동안 알코아가 매우 훌륭하게 업무를 수행한 것에 대해 상장을 수여하고 있었다.

더 나아가서 이 회사들이 독점화했다고 유죄 판결을 받은 시장들이 수입 석유로부터의 경쟁을 간과한 국내 석유 시장이었고, 재가공한 알루미늄으로부터의 경쟁을 간과한 1차 알루미늄 시장이었음을 주목하라. 바꿔 말하면, 법원들은 이 회사들에게 유죄라는 판결을 내리기 위해 먼저 인위적으로 시장을 축소해야 했다.

브라운 슈(Brown Shoe), 본스 그로서리(Von's Grocery), IBM 그리고 조리가 된 상태인 아침 곡물식의 공유 독점(shared monopoly)과 같은 사건들에서도 똑같이 터무니없는 이야기들을 들을 수 있는데, 이들에 대해서는 아르멘타노의 『해부(Anatomy)』라는 책에서 확인할 수 있다. 여기서는 대부분 선진국들이 독점 금지법을 갖고 있지 않다는 점과 미국 정부가 자신의 관할 내에서 기업들을 마구 때려잡는 데 시간을 허비하는 것을 매우 이상하게 생각한다는 점을 이야기하는 것으로 충분하다. 그리고 이들 회사의 기능을 마비시키는 것은 정부와 정치적 유대가 좀 더 돈독한 그 회사들의 적수들에게 이익이 될 것 — 이러한 법의 진정한 동기 중의 하나다 — 이라는 점 또한 주목하라.

  이제 보복 이론에 관해 이야기할 차례다. 상원의원 셔먼은 미국 대통령이 되는 것에 마음이 쏠려 있었고, 1888년에 공화당의 지명을 받을 운명으로 보였다. 그의 생애를 건 야망은 다이아몬드 매치 회사(Diamond Match Company)의 러셀 앨저(Russell Alger)가 결국 대통령이 된 벤저민 해리슨(Benjamin Harrison)을 지지했을 때 좌절되고 말았다. 앨저를 얻으려는 노력의 하나로 셔먼은 독점 금지법을 제출하였다. 해리슨 대통령은 그 법안에 서명하면서, "아, 셔먼이 자신의 오랜 친구인 러셀 앨저에게 보복하는 것을 나는 알지!" 하고 말한 것으로 보도되었다. 그런데 다이아몬드 매치 회사는 기소되지 않았고, 셔먼의 진정한 속내는 그 후 그가 수입 소비재에 세금을 부과하는 법안을 제출했을 때 여실히 드러났다. 따라서 셔먼법은 기업들 사이의 정치적 연줄을 위해 의회가 법의 권한을 이용해 소비자를 희생시키는 더러운 거래를 하는 동안 의회가 숨는 연막일 뿐이었다.

  온갖 경쟁 금지, 독점 창출 규제들과 법률들 때문에 독점 금지 기소를 위해 유일하게 적합한 곳은 정부 기관들에 대한 반대 — 의회가 어떻게 하든 불법화해 온 관행 — 이다.

Armentano, D. T., *Antitrust and Monopoly: Anatomy of a Policy Failure* (New York: John Wiley & Sons, 1982).

_____, *Antitrust Policy: The Case for Repeal* (Washington, D. C.: Cato Institute, 1986).

Bork, Robert, *The Antitrust Paradox: A Policy at War with Itself* (New York: Basic Books, 1978).

Burris, Alan, *A Liberty Primer* (Rochester, New York: Society for Individual Liberty, 1983), pp. 209-225.

Greenspan, Alan, "Antitrust" in *Capitalism the Unknown Ideal* edited by Ayn Rand (New York: New American Library, 1967), pp. 63-71.

Rothbard, Murray N., *Man, Economy, and State* (Los Angeles: Nash Publishing, 1970), p. 790.

12
노동조합

　노동조합은 근로자들의 한 집단과 다른 근로자들 간에 싸움을 일으키는 존재다. 그것은 근로자 대 경영자 사이에서 일어나는 현상이 아니다. 성공적인 노동조합은 근로자들을 배제할 수 있는 노동조합이고, 근로자들을 아주 잘 배제할 수 있는 노동조합은 숙련 근로자들로 구성된 노동조합이다. 숙련 근로자들은 미숙련 근로자들보다 대체하기가 훨씬 어렵기 때문에 파업에서 더 성공할 수 있다. 밀턴 프리드먼이 언명했듯이, "노동조합이 고임금을 초래하는 것이 아니라, 고임금이 노동조합을 초래한다." 노동조합이 파업할 때는 그들 자신만 일하기를 거부하는 것이 아니라 어떤 노동이든 고용주에게 제공되는 것을 막는다. 노조 피켓 라인(picket line)을 넘어서는 근로자들은 '배반자(scab)'라 불리는데, 이로써 근로자 계급 연대가 부족함을 예증하고 근로자들의 한 집단과 다른 근로자들 간에 대립하는 것이 쟁점이라는 사실을 명백히 한다.

파업이 성공했을 때 노동조합은 자기 조합원의 임금을 올릴 수 있지만, 그 기업에 고용되는 근로자들의 수를 줄이는 희생을 치르고서야 그렇게 할 수 있다. 노동조합이 결성된 부문에서 일자리를 찾을 수 없는 근로자들은 노동조합이 결성되어 있지 않은 부문에서 일자리를 찾아야 하고, 그로 인해 비(非)노조 근로자들의 임금을 억제한다. 노동조합은 임금을 올리지 않는다. 그들은 나머지 (비노조) 근로자들의 임금을 낮추는 희생을 치르고서야 (노조) 근로자들이라는 한 집단의 임금을 올릴 수 있다.

현대 미국에서의 노동조합 문제는 규제를 통해 정부 보호를 누리는 기업과 마찬가지로 노동조합에 법적 특권들이 부여됐다는 점이다. 이러한 법적 특권들에는 와그너 법(Wagner Act), 노리스-라가디아 법(Norris-LaGuardia Act) 그리고 업무 관련 폭력을 어떻게든 합리적인 것으로 취급하려는 관대한 법원들이 포함된다. 자유 시장에서는 노동조합이 직업정보센터(job clearinghouse)와 표준인증위원회(standards-certifying board)로 작용할지 모르기 때문에 노동조합의 한정된 역할은 이로울 것이다.

근로자들의 복지에 진정으로 관심이 있는 사람이라면 먼저 임금의 원천을 분석하여야 한다. 임금은 근로자의 생산성에 의해 결정된다. 근로자의 생산성은 근로자의 생산에서 근로자를 돕는 자본재(도구) 가 근로자에게 이용 가능한 정도에 의해 결정된다. 자본재의 이용 가 능성은 그러한 투자로부터 이윤을 얻을 전망에 의해 결정된다. 그리 고 적합한 자본재 투자 혼합은 시장의 자유로부터 비롯된다. 따라서 근로자들의 복지에 관심이 있는 사람이라면 누구나 가장 열렬한 자 유 시장 옹호자가 되어야 한다.

만약 이 내용이 지나치게 이론적으로 들린다면, 이론이나 이념은 아랑곳하지 않고 자신들의 개인적 복지에만 관심을 기울이는 현실 세계 근로자들을 고찰해보라. 전 세계적으로 근로자들이 동베를린에 서 서베를린으로, 중국에서 홍콩으로, 멕시코에서 미국으로 탈출하 면서 끊임없이 더 자유로운 경제를 찾아 나서는 경험을 한다. 하지만 세계는 더 자유로운 경제로부터 덜 자유로운 경제로 근로자들이 대 량 이동하는 것을 아직 보지 못하고 있다.

Branden, Nathaniel, "Common Fallacies about Capitalism" in *Capitalism the Unknown Ideal* edited by Ayn Rand (New York: New American Library, 1967), pp. 83-88.

Friedman, Milton and Rose, *Free to Choose* (New York: Harcourt, Brace, and Jovanovich, 1980), pp.228-247.

Mises, Ludwig von, *Human Action* (Chicago: Henry Regnery Company, 1966), pp. 777-779.

Reynolds, Morgan O., *Making America Poorer: The Cost of Labor Law* (Washington, D. C.: The Cato Institute, 1987).

Rockwell, Llewellyn, "The Scourge of Unionism" in *The Economics of Liberty* edited by Llewellyn Rockwell (Auburn, Alabama: The Ludwig von Mises Institute, 1990), pp.

27-31.

Schiff, Irwin, *The Biggest Con: How the Government is Fleecing You* (Hamden, Connecticut: Freedom Books, 1976), pp. 185-192.

13
광고

지금까지 경제 이론에서 광고는 누명을 써 왔다. 자유 시장 자체에 반대하는 모든 고유한 편견을 별문제로 한다면, 이렇게 된 이유는 완전 경쟁 이론 때문이다. 일단 경제학자가 세계를 '완전 경쟁 색안경(perfect competition colored glasses)'을 통해 지각하게 되면, 자연적으로 광고를 비난하는 행동이 뒤따른다. 완전 경쟁에 관련된 공상적인 가정들 — 완전히 동질적인 제품들, 자원의 완전한 이동성, 완전한 지식 그리고 모든 기업이 규모가 너무 작아서 어느 기업도 가격에 영향을 미칠 수 없다는 것 — 이 주어지면, 광고는 순전히 낭비다. 그런 세계에서 어떻게 광고가 가치 있는 경제적 역할을 할 수 있겠는가? 모든 소비자는 제품들의 속성과 이용 가능성을 알고 있고, 제품들은 장소와 관련하여 똑같이 쉽게(즉각) 이용 가능하며, 이 제품들에 대한 가격은 모두 같다.

완전 경쟁 세계에서의 광고 애기는 이 정도만 하자. 현실 세계는 어떤가? 실제 경쟁 — 소비자들을 끌어들이려는 기업들 사이의 대항적 시도들 — 이 일어나는 현실 세계에서 광고는 확실히 유용하고 이로운 경제적 역할을 수행한다. 광고에 관한 세 가지 주요 논쟁점들은 설득 대 정보, 낭비 대 효율 그리고 집중 대 경쟁이다.

✢ 설득 대 정보

많은 광고가 정보를 제공하기보다 단지 설득할 뿐이라는 주장은 "코카콜라가 최고다!"와 같은 예들에 근거한다. 광고 비판자들은 그러한 광고 문구에는 정보가 없다고 주장한다. 가난한 소비자로 하여금 돈을 내놓게 설득하려는 시도에 과대 선전이 있을 뿐이라는 것이다. 그러나 광고가 특정 비판자에게 가치가 없다는 바로 그 이유에서 다른 누군가가 그 광고를 가치 있게 여길지 모른다는 점이 이해되어야 한다. 어떤 한 사람을 특정해서 보면 대부분 광고는 사실상 그를 대상으로 한 것이 아니다. 우리 가운데 많은 사람은 이러한 선전 문구에 가격이 얼마인가? 어디서 그것을 살 수 있는가? 영양 함유량은 얼마인가? 등의 정보가 결여되어 있다는 점에 동의할 것이다. 그러나 집에 돌아오는 길에 저녁 손님을 위하여 코카콜라 6개들이 한 팩을 사오기로 약속한 어떤 사람에게 그 선전 문구는 사실상 환영받는 환기물이다. 사람들은 많은 활동으로 바쁘고 모든 것을 기억할 수 없기 때문에 종종 환기시켜 주는 것이 필요하다.

나는 이 페이지를 읽는 사람이라면 누구나 자신이 좋아하는 어떤 제품의 소비를 잊었다가 그 제품이나 단순한 광고 문구를 다시 발견하고서는 "아, 그렇지. 내가 X를 즐기곤 했지. 그것을 다시 사야겠군!" 하고 생각하는 예를 들 수 있지 않을까 생각한다.

더 나아가서 우리 나머지 사람들에게 낯익은 제품들을 신참들(newcomers)에게 소개할 필요가 있다. 신참들이란 미성년자들, 이민자들 그리고 그 제품이 처음 소개되는 일정 지역 주민을 포함한다. 그 광고 문구 안의 특정 제품은 더 이상 광고가 필요하지 않다는 생각이 우리 마음에 떠오르는 이유는 그 회사가 그 제품을 계속하여 철저하게 우리 앞에 내보임으로써 우리 스스로 광고를 불필요한 것으로 인지하기 때문이다.

광고에 반대하는 사람들은 설득과 정보 사이를 그릇되게 양분(兩分)해 왔다. 이 둘은 사실상 불가피하게 서로 얽혀 있다. 어떤 사람에게 정보를 제공하는 유일한 방법은 먼저 그 사람에게 그 정보에 관심을 돌리도록 설득하는 것이다. 그래서 독창적인 선전 문구, 강렬한 색상, 익히기 쉬운 곡 등을 사용한다. 그리고 어떤 사람을 설득하는 유일한 방법은 아무리 제한적이라도 정보와 함께하는 것이다.

그러나 광고 반대자들의 의견도 인정해주자. 소비자들은 때때로 단지 순수하게 설득력 있는 광고 때문에 제품을 산다. 그러한 비난에 대한 매우 적절한 응답은 "그래서 어쨌다는 거냐?"이다. 설령 소비자가 순전히 광고에 설득되어 제품을 사고 싶어 할지라도 그것은 자신이 원하는 대로 자기 돈을 쓸 소비자로서의 권리다. 이 밖에도 얼마나 많은 욕망이 누구의 설득도 받지 않은 고유한 것일까? 구매나 인간의 선호가 고유한 욕망을 위한 것은 거의 없다. 그리고 확실히 광고에 대해 적개심으로 충만한 것은 그러한 고유한 욕망이 아니다!

✦ 낭비 대 효율

광고에 반대하는 두 번째 주장은 그것이 생산 비용을 증가시킨다는 것이다. 의심할 나위 없이 한 제품을 생산하고 그런 다음 광고에 돈을 쓰는 것은 광고에 전혀 돈을 쓰지 않는 것보다 비용이 더 많이 든다. 그러나 이것은 어떤 제품이든 그 제품 하나하나의 특징 모두 — 예를 들어, 엔진이 있는 자동차를 생산하는 것 대(對) 엔진이 없는 자동차를 생산하는 것 — 에도 해당한다. 진정한 쟁점은 이러한 추가 비용(광고, 자동차 엔진 등)이 소비자가 기꺼이 대가를 지급하려고 할 만큼 가치가 있는가 하는 것이다. 만약 아니라면, 일반적인 유형의 광고 없는 재화가 현란하고 과도하게 광고되는 재화를 경쟁에서 이길 것이다. 궁극적으로 소비자가 결정한다. 사실상 과도하게 광고되는 제품들이 보통이므로 소비자에게 가치가 있으면서 광고가 제공하는 것은 무엇인가? 그것은 제품의 존재에 관한 정보, 특징, 어디에서 입수할 수 있는가 등이다. 소비자가 광고에서의 정보를 가치 있게 여긴다는 점을 의심하는 사람이라면 영화 상영 시간을 확인하기 위해 신문을 샀거나 구매를 위해 일요판 신문에 들어 있던 광고 전단들을 훑어보았던 기억을 되살려보면 된다.

　광고가 낭비라고 주장하는 또 다른 방향의 논증은 많은 제품이 광고를 제외하고는 똑같기 ― 종종 드는 예들은 세정제, 청량음료, 아스피린 등이다 ― 때문에 광고는 불필요한 추가 비용이라는 관념에 토대를 두고 있다. 그러나 사실은 정반대다. 다른 상표들 사이의 미묘한 차이점들을 더 많이 알고 관심을 둘수록 차이점들은 더욱 분명해진다. 여기서 광고 비판자가 정말로 이야기하고 있는 것은 자기가 이를테면 코카콜라와 펩시콜라 사이의 차이점들을 모르고 실제로 어떠한 차이점들에 대해서도 관심을 두지 않는다는 것이다. 이것은 속물근성 혹은 머리 로스버드(Murray Rothbard)가 '지속적인 비웃음(the sustained sneer)'이라고 부른 데서 나온 논거다. 존 갤브레이스(John Galbraith) 같은 주요 광고 비판자에게 모든 경제학 책은 똑같고, 그것들 모두는 가격, 비용, 공급, 수요 등등을 다룬다고 말하는 것을 상상해보라. 그러한 진술을 진정으로 믿을 수 있는 유일한 사람은 갤브레이스가 코카콜라와 펩시콜라 사이의 차이점들에 익숙하지 않고 관심조차 없듯이 경제학에 익숙하지 않고 관심이 없는 사람이다. 제품들 사이에 미묘하지만 실제로 차이점들이 있으면, 광고는 소비자들의 선호를 더욱 가깝게 충족시킬지도 모르는 제품들의 이용 가능성을 소비자들에게 환기시키는데, 이것은 참으로 귀중한 서비스다.

✢ 집중 대 경쟁

광고에 반대하는 마지막 주장은 그것이 산업 집중을 장려한다는 것, 높은 광고비용은 광고를 과도하게 하는 기성 기업들과 경쟁할 여유가 없는 신참들을 못 들어오게 막는다는 것이다. 실제로 광고 — 소비자들의 관심을 끄는 것 — 는 신참이 소비자들을 기성 습관에서 벗어나게 하는 것을 가능케 한다. 모든 광고의 제거는 대규모 기성 기업들의 지위를 안전하게 할 것이다.

새 제품, 새 백화점, 새 음식점, 새 주유소는 과도하게 광고되고, 가장 요란하고 떠들썩하고 주제넘은 방식으로 광고된다는 점을 주목하라. 몇 가지 예를 들어보자. 웬디스(Wendy's)가 광고 없이 장애를 돌파하여 맥도널드(McDonald's)와 성공적으로 경쟁할 수 있었을까? 다이어트 코크(Diet Coke, '저칼로리 콜라'라는 뜻의 상표명)가 유명 인사의 추천(celebrity endorsements) 없이 성공할 수 있었을까? 월마트(Wal-Mart)가 자신들의 가격과 바로 그 존재를 대안으로 삼아 광범위하게 그리고 반복적으로 광고할 수 없었다면 총매출액에서 월마트가 시어스(Sears)를 능가할 수 있었을까? 광고의 결여(혹은 비판자들에 의해 행해졌고 옹호되듯이 그것의 불법화)는 지배적인 기업들과 제품들을 이롭게 한다. 광고를 반대하는 이론가들 이외에 이 기성 기업들은 광고를 금할 것을 옹호하는 가장 큰 지지자들이다. 법률 서비스, 안경 그리고 비타민 광고는 이들 재화와 서비스의 판매자들의 간청에 따라 여러 번 불법화되었다. 광고의 자유가 하는 일은 소비자가 이런 영업장소들에 들어가기 전에 낮은 가격들을 찾아다닐 수 있게 하는 것이다. 광고가 없다면 소비자는 '맹목적으로(blindly)' 최상의 거래를 찾아가야 한다.

잠재적인 소비자들에게 도달하려는 신참들의 능력을 차단하려는 욕망은 광범위한 적용들을 가진 더 넓은 사회학적 법칙이다. 예를 들면, 현직에 있는 후보들은 신참 도전자들과 좀처럼 기꺼이 논쟁하려 하지 않고, 기성 권위자들은 덜 알려진 비판자들의 논거들을 무시하며, 오래된 부자 엘리트(money elite)는 벼락부자를 존경하지 않는다.

마지막으로 이 모든 논쟁에 최후의 일격을 가한다. 광고 반대자들…… 자신들도 광고한다! 그렇다. 자신들이 광고에서 보는 해악들에 관해 다른 사람들을 이해시키려고 할 때, 그들은 자신들이 비난하는 바로 그것들을 모두 한다. 그들은 다른 사람들을 설득하기 위하여 교묘한 구절들과 예들을 사용하고, 미묘한 차이를 가진 새로운 논거들을 창안하느라 비용을 부담하며, 광고의 가치에 관한 기존 이해에 만족할지 모르는 추종자들에게 도달하기 위하여 돌파를 시도한다!

Armentano, D. T., *Antitrust and Monopoly: Anatomy of a Policy Failure* (New York: John Wiley & Sons, 1982), pp. 37‒39, 256‒257, 262.

_____, *Antitrust Policy: The Case for Repeal* (Washington, D. C.: Cato Institute, 1986), pp. 35-38.

Block, Walter, *Defending the Undefendable* (New York: Fleet Press Corporation, 1976), pp. 68-79.

Brozen, Yale, editor, *Advertising and Society* (New York: New York University Press, 1974), pp. 25-109.

Hayek, F. A., *Studies in Philosophy, Politics and Economics* (Chicago: The University of Chicago Press, 1967), pp. 313-317.

Rothbard, Murray N., *Man, Economy, and State* (Los Angeles: Nash Publishing, 1970), pp. 843-846.

14
투기자

투기자들 — 미래 상황(특히 가격)을 추측하여 이익을 얻으려는 사람들 — 은 기업가들의 하위 범주다. 이전 장에서 기업가들에 관해 쓴 모든 것이 투기자들에게도 마찬가지로 적용된다. 대중은 종종 기업가들의 역할에 대해 동정과 이해를 나타내곤 하지만 투기자들에 대해서는 일반적으로 멸시가 존재한다.

투기자들의 평판을 회복하고자 할 때, 먼저 누구나 다 투기한다는 점을 지적하겠다. 예컨대 소비자들은 가격이나 주택담보 대출 금리가 낮아지는 것을 기다리는 대신 지금 집을 사기로 마음먹었을 때 투기하고, 학생들은 대학에서 전공을 선택할 때 투기한다. 그러나 보편적인 투기 관행을 언급하는 것을 넘어서 투기자들에게는 다른 장점들이 있다.

　예를 들어 만약 어떤 사람이 미래의 설탕 가격에 투기하고 있다면 그는 기상 조건, 기술 그리고 설탕에 대한 정치적 영향력에 소비자보다 훨씬 더 많이 관심을 기울일 것이다. 소비자에게 설탕은 자기 생활의 일시적이고 사소한 부분이지만, 투기자에게 그것은 자신의 생계 수단이다. 한 가지 예를 들면, 설탕 가격이 파운드당 1달러일 때 그가 미래의 공급 부족을 예상할 이유가 있다면 투기자는 설탕을 사기 시작할 것이다. 그의 투기 수요는 — 소비자 수요에 보태져서 — 예를 들면 가격을 파운드당 1.50달러로 올릴 것이다. 이 점은 전형적으로 대중이 투기자들에게 돌리는 적개심의 한 원천이다.

　높은 가격은 두 가지 효과를 나타낼 것이다. 첫째, 소비자는 설탕을 이전보다 더욱 귀중하게 취급하면서 절약하기 시작할 것이다. 그리고 둘째, 공급자들은 이전보다 더 많은 설탕을 생산하도록 자극될 것이다. 투기자는 요컨대 — 화재경보기가 없었더라면 방심했을 거주자들에게 화재경보기가 불이 퍼져 나가는 것에 주의를 환기시키는 것과 아주 비슷하게 — 초기의 경계 신호로서 작용한다. 그러면 공급 감소가 모든 사람에게 명백해졌을 때 투기자는 이제 더욱더 높아진 가격, 즉 2.00달러에 설탕을 팔아 파운드당 0.50달러의 이윤을 얻을 것이다. 이 점은 전형적으로 대중이 투기자들에게 돌리는 적개심의 또 다른 원천이다.

그러나 투기자는 실제로 무엇을 했는가? 그는 소비자들이 설탕의 더 높은 미래 가치를 모를 때 소비자들로부터 풍부한 설탕을 받아서 소비자들이 추가적인 공급을 가장 필요로 하는 바로 그때 그들에게 되돌려 주었다. 그는 자신의 개인적 이익을 추구하면서 다른 사람들에게 경이로운 서비스를 제공했다. 따라서 그는 자신의 행동들에 대해 갈채를 받아야 한다. 그는 소비자들의 은인이다.

투기자들이 좋은 일을 하지만 그것 때문에 비난받는 다른 방식은 선물 계약(future contract)에 있다. 땅콩 가격이 파운드당 2.00달러인 1월에 어느 농부가 땅콩 작물을 심은 예를 들어보자. 농부는 자기 수확물을 6월이 되어야 수확할 것인데, 그때가 되면 땅콩 가격은 극적으로 변할지 모른다. 그런데 투기자가 와서 농부가 6월에 출하할 수 있는 수확물에 대해 농부에게 파운드당 2.20달러를 주겠다고 제안한다.

만약 농부가 1월에 그 거래를 수용하면, 그는 자신이 생산하는 땅콩의 불확실한 미래 가격에도 걱정하지 않고 농사에 전념할 수 있다. 그는 자신의 가격을 확신하면서 밤에 편안히 잠을 잘 수 있는데, 왜냐하면 투기자가 미래 가격 변화의 부담을 지기로 동의했기 때문이다. 이로써 농부는 농사에 전문화하고 투기자는 위험 부담에 전문화하는 분업이 발생한다. 만약 6월에 땅콩 가격이 1.50달러로 떨어지면, 농부는 그 투기자가 그러한 재난으로부터 자신을 구해주었다며 미칠 듯이 기뻐할 것이고 투기자들을 지상에서 가장 좋은 사람들이라고 생각할 것이다.

그러나 만약 6월에 땅콩 가격이 파운드당 3.00달러로 오른다면, 그 농부는 자신에게서 높은 이윤을 빼앗은 투기자의 구변 좋고 교활한 판매원을 욕할 것이다. 농부는 투기자가 보장한 가격 때문에 자신이 누렸던 편안한 수면에 관해서는 모두 잊어버릴 것이고, 무엇보다 자신이 자유롭게 계약을 맺었다는 사실에 관해서도 모두 잊어버릴 것이다. 이것은 대중이 투기자들에 대해 부정적인 시각을 가지는 또 하나의 이유다.

그러나 어느 투기자가 다시 투기하기 위하여 돌아다닐까? 농부에게 아주 인기가 있었던 투기자는 재산을 잃어서 다시 시도해보는 것을 좋아할 수도 없고 좋아하지도 않을 것이다. 그 반면에 성공적인 투기자 — 농부가 그토록 경멸하는 투기자 — 는 돈을 크게 벌어서 다른 계약을 시도할 능력과 관심이 있을 것이다. 표면상으로는 투기자들이 인기가 없다는 점이 적어도 어느 정도 일리가 있지만, 경제 체제에서 그들의 역할을 평가할 때는 모든 다른 생산적인 당사자와 똑같이 평가되어 마땅히 존경받아야 할 것이다.

Block, Walter, *Defending the Undefendable* (New York: Fleet Press Corporation, 1976), pp. 171‑175.

Friedman, David, *Hidden Order, the Economics of Everyday Life* (New York: HarperCollins, 1966), pp. 183‑185.

_____, *Price Theory* (Cincinnati: South-Western Publishing Company, 1986), pp. 296‑297.

Greaves, Percy L., "Why Speculators?" in *Free Market Economics: A Basic Reader* edited by

Bettina Bien Greaves (Irvington-on-Hudson, New York: Foundation for Economic Education, Inc., 1975) pp. 94-98.

Mises, Ludwig von, *Human Action* (Chicago: Henry Regnery Company, 1966), p. 457.

Rothbard, Murray N., *Power and Market: Government and the Economy* (Menlo Park, California: Institute for Humane Studies, 1970), pp. 125-126.

15
영웅적인 내부자 거래

내부자 거래 — 일반 대중은 이용할 수 없는 지식으로 금융시장에서 이윤을 얻는 것 — 는 최근 들어 보편적으로 조롱받는 활동이 되었다. 그러나 이 범죄 혐의의 본질은 무엇인가? 우월한 지식에 토대를 두고 금융상 이득을 얻는 것은 바로 주식시장이 늘 하는 일이다.

사실상 이것은 모든 영업 활동에서 벌어지는 일이다. 델타(Delta)는 다른 회사들보다 항공회사를 운영하는 법을 더 잘 알았기 때문에 정기 항공 사업을 성공시키지 않았는가? 코카콜라(Coca-Cola)는 다른 생산자들보다 생산, 분배, 판매 그리고 소비자 수요의 이면을 훤히 알고 있었기 때문에 청량음료 사업을 성공시키지 않았는가? 확실히 델타와 코카콜라는 자신들 사업의 내부자 지식을 경쟁자들에게 절대 드러내지 않는다.

그러나 내부자 거래의 보편적 성질을 넘어서 그것이 주식시장에 미치는 효과는 무엇일까? 애크미(Acme)가 곧 에이잭스(Ajax)에 의해 매입될 예정이라는 것을 투자자 A가 알고 있고 그래서 그가 투자자 B의 주식을 20달러라는 현행 가격에 산다고 가정해보자. 그러면 매수가 발생하여 가격은 40달러로 치솟는다. 투자자 B는 투자자 A가 알고 있었거나 모르고 있었거나 상관없이 하여간 그 주식을 팔았을 것이다. 어쨌든 내부 거래자 혐오자(inside-trader-hater)의 논리로는 무지하지만 운 좋은 투자자 C, 만약 투자자 A가 행동 근거가 되는 우월한 지식을 가지고 있지 않았더라면 투자자 B로부터 구매했을 그 사람이 당연히 즉석에서 20달러의 이윤을 얻는 사람이 되었을 것이다.

그러나 우리는 여기서 이런 질문을 해보아야 한다. 왜 C의 무지는 이윤을 얻을 정당한 수단인 반면 A의 지식은 부당한 수단인가? 이것은 지식을 가진 사람을 지식을 가졌다고 조롱하고 무지한 사람을 무지하다고 추어올리는 것 — 사회적 복리를 위해서는 절대 바람직한 특성이라고 할 수 없다 — 에 귀착한다.

이 밖에도 거래자들이 자신들의 내부자 지식을 토대로 주식을 구매하는 바로 그 행위는 이 주식들이 현재 저평가되어 있다는 점을 더 높은 주식 가격으로 세상에 드러내는 데 도움이 된다. 따라서 내부자 거래가 발생할 때는 그것이 효과적으로 불법화되어 있을 때보다 경제 정보가 시장들을 통해 실제로 더욱 빨리 전파된다. 그리고 내가 알고 있는 경제 이론은 모두 더 많은 정보가 더 빨리 전파되는 것이 더 적은 정보가 더 늦게 전파되는 것보다 낫다고 말한다.

투자 조언자들 사이에 일반적으로 받아들여지는 경험칙이 있는데, 개인 주식 투자는 전업 업무이기 때문에 아마추어 투자자는 개별 주식들을 사서는 안 된다고 말한다. 마찬가지로 주식 투자를 할 때 미래 주식 가치의 전망에 관해 자신보다 더 풍부한 지식을 가진 사람들이 틀림없이 있다는 것을 깨달아야 한다.

내부자 거래는 희생자가 없는 범죄이며, 그것을 금지하는 것은 증권거래위원회(SEC) 변호사들을 위한 복지 프로그램일 뿐이라고 생각해야 한다. 심지어 '내부자 거래(insider trading)'가 법률에 규정조차 되어 있지 않다는 점을 깨닫게 될 때 이 점은 더욱 분명해진다. 그것은 사실상 너무나 막연해서 실질적으로 어떤 투자자에게도 불리하게 작용할 수 있다.

당연히 잘못된 것으로 간주할 수 있는 유일한 내부자 거래 유형은 어떤 사람이 계약이나 명시적 신뢰를 위배하고 '내부(inside)' 지식을 사용하는 경우다. 그런 경우에는 미 재무부에 벌금을 납부하는 형법이 아니라 불법 행위의 피해자들에게 손해 배상금이 지급되는 민법이 적용되어야 한다.

아마도 여러분은 '내부자 거래에 나쁜 것은 정말 없고, 최근의 모든 법적 활동은 마녀 사냥보다 나을 것이 없는데, 왜 그들을 영웅이라 부르지?' 하고 생각할지도 모른다.

이에 대해 월터 블록(Walter Block)은 『방어할 수 없는 것을 방어하기』(*Defending the Undefendable*)에서 (다른 악덕 혐의자들과 관련하여) 이렇게 진술한다.

> ······다른 사람들은 대체로 방해받지 않고 자신들의 사업을 계속하도록 허락받고 진정한 존경과 위신도 얻지만, 이 희생양들은 그렇지 않다. 왜냐하면 그들은 경제적 서비스도 인정받지 못할 뿐만 아니라, 거의 모든 사람의 보편적인 분노에다가 정부의 추가적인 제한과 금지에도 직면하기 때문이다. 그들은 사회로부터 부당한 대우를 받기 때문에 진정한 영웅이 된다(서문에서).

더 나아가 그들은 정당하지만 인정받지 못하는 권리에 근거하여 행동하기 때문에 모든 사람의 자유를 확보하는 것을 돕는다. 그에 반해 겁이 많은 사람들은 이러한 전투로부터 몸을 더욱 움츠린다. 내부 거래자들에게는 그들이 진정으로 받을만한 가치가 있는 존경이 부여되어야 한다.

Block, Walter, *Defending the Undefendable* (New York: Fleet Press Corporation, 1976), 서문.

Fischel, Daniel, *Payback: The Conspiracy to Destroy Michael Milken and His Financial Revolution*

(New York: HarperCollins Publishers, Inc., 1995), pp. 40-68, 301.

Franz, Douglas, *Levine & Co., Wall Street's Insider Trading Scandal* (New York: Henry Holt and Company, 1987), pp. 54-55, 219-221.

Levine, Dennis B., *Inside Out, An Insider's Account of Wall Street* (New York: G. P. Putnam's Sons, 1991), pp. 124-125.

Rockwell, Llewellyn H., "Michael R. Milken: Political Prisoner" in *The Economics of Liberty* edited by Llewellyn Rockwell (Auburn, Alabama: The Ludwig von Mises Institute, 1990), pp. 70-72.

Taylor, John, *Storming the Magic Kingdom* (New York: Alfred A. Knopf, Inc., 1987), pp. 243-248.

16
소유자 대 경영자

경제적 자유에 대한 국가 통제주의자들의 집요한 공격으로 인해 현대 기업은 조롱의 대상이 되어 왔다. 이윤을 극대화하는 기업이 소비자들을 위해 효율적인 생산을 할 것이라는 아주 타당한 이론은 자유 시장에 반대하는 '유도(柔道, judo)' 논거로 바뀌었다. 이 이론에 따르면 19세기에는 (자기 이윤을 극대화하기 원하는) 소유자가 (실제로 일상적인 결정을 내리는) 경영자와 같기 때문에 기업이 효율적인 생산자였다고 말한다. 그러나 오늘날 현대 기업은 기업과 기업 재산의 소유자들이 아닌 '고용된 총잡이(hired gun)' 경영자들에 의해 운영되어 이윤 극대화보다는 자신을 위한 안락한 생활에 더 관심이 있는 반면, 소유자들은 흔히 사업을 운영하는 결정들에 관여하지 않는 수동적인 투자자들이라는 것이다.

따라서 이 비판자들에 따르면 기업이 소비자 편익을 위해 효율적으로 경영되지 않을 것이고, 경영진이 자신들의 개인적 편익을 위해 소비자들을 이용하는 결과가 될 것이다. 이런 관점에서 국가 통제주의자들은 규제를 옹호하고 자유 시장 과정 — 종종 이 대규모 법인 기업들을 초래하는 과정 — 을 탄핵하는 것을 옹호한다. [먼저, 소유자와 경영자 사이에 실제로 존재하는 이익의 양분(兩分) — 심지어 단일 소유자와 단일 고용인 규모 기업에도 존재하는 양분 — 을 인정하겠다. 소유자는 부지런히 행동할 것이지만, 고용인은 게으름을 피움으로써 개인적 편익을 얻는다. 그러나 우리는 1인 기업 대신 고용인들을 가지는 기업들의 세계를 보므로 고용인들을 가지는 편익이 고용인들을 가지는 불리(不利)를 능가할 것이 분명하다.]

자유 시장은 '고용된 총잡이'인 경영자들의 그런 나쁜 행동에 대해 내재적인 구제 수단들을 가지고 있다. 적어도 네 가지 상쇄하는 영향력들이 이익의 양분을 완화하는 경향이 있을 것이다. 첫째, 학대당하는 어떤 수동적 투자자든 그런 법인의 자기 주식 지분을 언제든지 팔아버릴 수 있다. 이것은 과거의 개인 손실로부터 투자자를 구해주지는 못하겠지만, 적어도 학대에서 벗어나게 할 수는 있다. 만약 이런 대응이 널리 퍼지면, 많은 소액 투자자가 자신들의 주식을 팔게 되어 그 주식의 가격에 하향 압력을 가할 것이다. 주식 가격이 하락하면 그것에 관해 의미 있는 조처를 할 수 있고, 그 법인의 의사 결정에 관여하는 주요 투자자들 — 다른 사람들이 아니라도 이사회 — 의 관심을 끌 것이다!

둘째, 경영자들의 보수는 법인의 주식(stock)이나 주식 매입 선택권(stock option)으로 지급되는 것이 매우 흔하다. 따라서 경영자들은 (수동적인 투자자들이 선호하듯이) 주식 가치 상승으로부터 편익을 얻고 주식 가치 하락으로부터 이득을 얻을 기회를 잃게 될 소유자들이다. 말하자면, 이익의 일치!

셋째, (이윤 극대화에 관심을 기울이는 소유자들인) 이사회는 자신들의 법인 자산을 관리하기 위해 누구를 선택할까? 이윤을 창출하는 결단력과 능력을 보여준 경영자들은 법인 경영진의 최고위직으로 승진할 것이고 주주를 희생시키고 개인적 안락에 더욱 관심을 기울이는 경영자들은 제외될 것이므로, 시장에서는 '자연 선택(natural selection)' 과정이 일어날 것이다.

의심할 여지없이 위에 열거한 이 세 가지 영향력들 중 어느 것도 이익 양분 문제를 전적으로 극복하지는 못할 것이지만, 늘 그렇듯이 자유 시장은 내재적으로 적합한 효율 동기를 지니고 있다. 남아 있는 어떤 불리(不利)함에 대해서든 마지막 해결책은 기업 매수인(corporate raider, 기업의 경영권 탈취인)의 활약에 의해 극복될 수 있으며, 또 극복되고 있다. 소비자의 이익과 효율을 위해 ― 잘못 분석되고 저평가된 기업 공동체 세정산(洗淨酸, cleansing acid)인 ― 기업 매수인들에 의존할 수 있다.

잘못 경영된 모든 기업은 그만큼 기업 자산의 실제 가치와 잠재 가치 사이의 차이로부터 이익을 얻는 것을 전문으로 하는 사람들이 매수하기 위한 좋은 기회가 될 것이다. 그런 자산들의 경영 변경으로부터 이윤을 획득하기 위하여 기업 매수인들은 더 나은 가격을 제의하면서 저평가된 자산들의 현 소유자들에 접근할 것이다. 그런 반면에 잘 경영된 기업 — 이미 잠재적 주식 가치와 실제 주식 가치가 일치하는 기업 — 은 매수 대상으로 삼지 않을 것이다.

그러므로 소유자 대 경영자의 문제는 국민이 정부 기업을 '소유'하는 경우처럼 매매할 수 있는 주식 지분이 없을 때 가장 심각하다. 따라서 경영진의 소유자 학대(management's abuse of owners) 이론가들은 이윤을 목적으로 하는 법인 경영에 대해 고민하기보다는 자신들의 관심을 정부 기업에 돌려야 한다.

Fischel, Daniel, *Payback: The Conspiracy to Destroy Michael Milken and His Financial Revolution* (New York: HarperCollins Publishers, Inc., 1995), pp. 9-39.

Friedman, Milton, *From Galbraith to Economic Freedom* (West Sussex, Great Britain: The Institute of Economic Affairs, 1977), pp. 16-29.

Hoppe, Hans-Hermann, "Why Socialism Must Fail" in *The Free Market Reader* edited by Llewellyn Rockwell (Burlingame, California: The Ludwig von Mises Institute, 1988), pp. 244-249.

Mises, Ludwig von, *Bureaucracy* (New Rochelle, New York: Arlington House Publishers, 1969), pp. 40-53.

Rothbard, Murray N., *Man, Economy, and State* (Los Angeles: Nash Publishing, 1970), pp. 508-509.

Taylor, John, *Storming the Magic Kingdom* (New York: Alfred A. Knopf, Inc., 1987), pp. 243-248.

17
재화의 시장 제공 대 정부 제공

정부는 기업만큼 효율적이지 않다는 말을 종종 듣는다. 이는 반사적인 이념적 반응이 아니다. 그것은 정부와 사기업이 직면한 유인(incentive)의 실제 차이에 근거하고 있다.

시장에서 사기업은 성공을 위해 소비자의 돈이 조직 속으로 흘러 들어오는 데 의존한다. 따라서 소비자의 만족과 기업의 성공은 긴밀하게 연관되어 있다. 이와는 대조적으로 정부 기업은 이용할 수 있는 제2의 소득원(세입)을 가지고 있다. 자신을 지탱할 대체 소득원을 가지고 있으므로 정부 기업은 소비자들에게 봉사하려는 유인이 불가피하게 더 적을 것이다. 이는 좋은 사람들이 사기업을 경영하고 나쁜 사람들이 정부 기업을 경영하는 문제가 아니라 두 무대에서의 다른 유인 구조의 문제임을 인식해야 한다.

대부분 사람들은 소득을 발생시키는 수단으로 직장 상사를 만족시키려고 한다. 복권에 당첨되는 것은 종종 상사의 명령에 따라 일하는 데 대한 고용인의 진정한 근본 태도를 드러낸다. 정부 기업들은 말하자면 복권에 당첨되었고, 그래서 소비자를 조직을 위해 가장 중요한 존재로서가 아니라 그날의 평화와 평온을 방해하는 불법 방해자로 취급한다. 덧붙여서, 시장에서의 사기업과 달리 많은 정부 기업은 고객들을 경쟁자들에게 빼앗기는 두려움에서 벗어나게 해주는 법적 독점력을 갖고 있다.

이러한 점들을 예증하기 위해 들 수 있는 가장 쉬운 예는 미국 우편 독점이다. 소비자에게서 벌어들이는 수입의 부족액을 벌충할 수 있는 세금이 있다면, 우정 공사(Postal Service)는 자기 고객들을 불필요한 방해자로 취급할 여유가 있다. 우정 공사는 내부 혁신을 하지 않는 것으로 악명이 높다. 예를 들면, 자유 시장의 사기업들은 (심지어 아주 낮은 가격이 책정된 구매품의 경우에도) 고객의 구매품들을 안전하게 담을 봉지(bag)를 제공하지만, 우정 공사는 고객들이 구매하는 것의 가치가 어떻건 간에 봉지를 비치해놓았다가 고객들에게 제공하려고 하지 않는다.

예를 들어 일요판 신문 속의 광고(전단)들은 침을 발라 붙이는 값싼 옵션(lick and stick option)뿐만 아니라 좀 더 값비싼 떼는 옵션(peel off option)을 가진 발신인 주소(반송처) 라벨을 제공하는 것이 일반적이다. 아주 최근까지만 해도 우표는 침을 발라 붙이는 것뿐이었다. 납세자들이 손실을 보충해주고 다른 사람들이 제1종 우편물을 배달하는 것이 불법인 때에 무엇 때문에 우정 공사가 그러한 수고를 하겠는가?

페더럴 익스프레스(Federal Express)는 우정 공사가 업무를 시작하기 몇 년 전에 긴급 익일 배달 서비스(urgent overnight delivery)를 제공하기 시작했다. 우정 공사가 성공할지도 실패할지도 모르는 그러한 혁신에 무엇 때문에 위험을 무릅쓰겠는가?

패스트푸드점, 은행, 드라이클리닝 업소, 술집 등은 드라이브인 (drive-in: 자동차를 탄 채로 이용할 수 있는) 서비스를 제공한다. 그러나 다시 한 번 말하지만, 우정 공사가 성공할지도 실패할지도 모르는 그러한 혁신에 무엇 때문에 위험을 무릅쓰겠는가? [둔감한 우정 공사가 혁신적인 민간 부문의 모범을 따르는 최근의 예는 우편 사무소(Postal Store)가 속달 우편 업무 회사를 모방하는 형태에서 찾아볼 수 있다.]

그러나 명백히 이런 차이를 예증할 수 있는 적절한 예는 크리스마스 구매 시즌이 다가오는 늦가을에 찾아볼 수 있다. 상점들은 — 심지어 시즌 막바지까지 — 자신들에게 와서 장을 보라고 고객들에게 사실상 구걸하는 광고들을 내놓지만, 우정 공사는 운 나쁜 대중에게 "빨리 부치라"며 일장 연설을 하고 있다! 요컨대, 우정 공사가 기껏 돈을 들여 하는 일은 잠재 고객들에게 빌어먹을 크리스마스카드들을 불편한 때에 배달하도록 갖고 들어오지 말라고 명령하는 것이다. 따라서 고객 만족은 우편 기구의 편리를 위해 뒷전으로 밀려난다.

재화의 시장 제공을 한마디로 요약하면 "고객은 항상 옳다"라는 유명한 구절이다. 정부 기업들의 태도를 서술하는 데 "투표자는 항상 옳다"든가 "납세자는 항상 옳다"와 같은 비슷한 구절이 없음을 주목하라.

이 쟁점들에 대한 또 하나의 접근법은 소비자들에게 필요한 물품을 공급하는 두 가지 수단들 사이에 존재하는 다섯 가지 현저한 차이점들로서 묘사될 수 있다. 첫째, 재화의 시장 제공은 기업과 고객 사이의 자발적 거래에 토대를 두고 있다. 재화의 정부 제공은 기업과 고객 사이의 강제적 관계에 토대를 둔다. 소비자 만족에 관한 한 이것 하나만으로도 대단한 차이다. 이는 고용과 노예, 자선과 강도(强盜), 유혹과 강간 사이의 차이에 견줄 수 있다.

둘째, 시장에서는 비례 대표(proportional representation)가 존재한다. 즉, 소비자들은 자신이 '찬성 투표'하는 재화를 자신들의 '표'에 비례하여 얻는다. 만약 10%의 사람들이 초록색 차를 원하면 10%의 사람들이 초록색 차를 얻을 것이다. 이것을 정부가 제공할 때는 승자 독식 거래(winner-takes-all deal)가 된다. 우리의 선호와는 상관없이 우리가 모두 사회 보장 프로그램을 누릴 수 있든지 우리 중 누구도 그것을 누리지 못하든지 둘 중 하나다.

셋째, 시장에서는 소규모의 개인 선택들이 있다. 예를 들어 당신이 시어스(Sears) 냉장고를 산다고 해서 시어스 세탁기와 건조기, 텔레비전까지 사야 하는 것은 아니다. 그러나 정부 제공에서는 일괄 거래 협정이 이루어진다. 재화의 정부 제공에서는 혼합(mixing)과 조화(matching)가 허용되지 않는다. 예컨대 조세, 환경 그리고 외교 정책에 관한 빌 클린턴(Bill Clinton)의 정책들이거나 이 문제들에 관한 밥 돌(Bob Dole)의 정책들이거나 둘 중 하나를 이용할 수 있을 뿐이다.

넷째, 시장에서의 선택은 계속적이다. 만족하지 못하는 재화는 언제든지 바꿀 수 있다. 아주 좋을 것이라고 생각한 차에 싫증이 난다면? 그것을 팔고 다른 모델을 사라. 세정제가 더는 마음에 들지 않으면? 다른 상표의 제품을 사라. 지나놓고 보니 첫 번째 상표의 것이 좋았음을 알게 된다면? 당신의 뜻에 따라 그것을 또 한 번 바꾸어라. 이제 이것을 정부와 비교해보라. 사회 보장 프로그램에서 벗어나고 싶다면? 감옥에 가라. 대통령에게 싫증이 난다면? 4년 더 기다려라.

그리고 다섯째, 사기업은 자신이 손해를 끼칠지 모르는 사람들에게 손해 배상 책임을 진다. 배상을 받기 위해서는 회사를 고소하는 것이 일반적이다. 그러나 정부 기업들은 종종 자신들이 질책을 받지 않는 '주권자 면책(sovereign immunity)'(왕은 잘못을 저질러도 책임을 지지 않는다는 유럽 이론을 받아들인 정치적 해악)을 누린다. 정부 기업들은 아무런 재정적 결과를 책임 지지 않고도 국민의 생활에 해를 끼칠 수 있고 실제로 끼친다. 진정한 의미에서 정부 기업들로 하여금 소비재를 제공하게 하는 것은 위험하다. 왜냐하면, 잠재적 책임이 없으므로 안전을 덜 강조하는 결과가 될 것이기 때문이다. 자신들이 끼치는 손해에 대해 잠재적 책임을 지게 되는 사기업들은 안전을 도모하려는 재정적 유인을 지니고 있다.

그러나 소비자들에 대한 재화 제공에서 시장 제공이 정부 제공보다 더 우월하리라고 결론을 내리는 또 다른 이유는 정부 기업의 경우에는 기업의 자원에 대한 소유권이 없다는 점이다. (지난 장에서 언급했듯이, 국민이 자신들 정부의 자산을 소유한다는 것은 기껏해야 빈약한 소유 형태다.) 정부 관리자들은 그러한 기업들의 자산 가치에 이해관계를 맺지 않는 일시적인 존재다. (이것은 운전자가 전형적으로 자기 소유의 자동차보다 빌린 자동차를 더 거칠게 운전한다는 사실과 아주 비슷하지만, 다행히도 시장에는 실제 소유자 ― 자동차의 자산 가치를 보존하는 데 어떤 관심을 기울일 렌터카 회사 ― 가 있다.)

Friedman, Milton, *From Galbraith to Economic Freedom* (West Sussex, Great Britain: The Institute of Economic Affairs, 1977).

McConnell, Campbell R., *Economics*, 제13판 (New York: McGraw-Hill, Inc., 1996), pp. 622-625.

Mises, Ludwig von, *Bureaucracy* (New Rochelle, New York: Arlington House Publishers, 1969), pp. 40-53.

_____, *Human Action* (Chicago: Henry Regnery Company, 1966), pp. 303-311.

Rockwell, Llewellyn H., "Why Bureaucracy must Fail" in *The Economics of Liberty* edited by Llewellyn Rockwell (Auburn, Alabama: The Ludwig von Mises Institute, 1990), pp. 119-123.

Rothbard, Murray N., *Egalitarianism as a Revolt Against Nature* (Washington, D. C.: New Libertarian Review Press, 1974), pp. 81-87.

18
시장경제 대 명령경제

경제의 운영에는 두 가지 상반되는 접근법이 있다. 명령경제 (command economy)는 사회주의 경제 체제하의 상명하복, 중앙 계획 경제다. 반면에 시장경제는 자유 시장의 분권적 경제다. 그 둘의 가장 근본적인 차이는 자유 시장에는 사적 소유권이 존재하고, 명령경제에는 사적 소유권이 존재하지 않는다는 점이다.

명령경제의 장점이라고 주장되는 것은, 계획되지 않는 시장경제와는 대조적으로 미리 계획된다는 점이다. 이 견해의 오류는 시장경제가 가격 제도를 통한 소비자 수요를 수단으로 하여 사실상 매우 합리적으로 계획된다는 점이다. 덧붙여서, 명령경제는 네 가지 기본적인 이유로 말미암아 불완전하다고 볼 수 있다.

첫째, 중앙위원회가 전체 경제를 계획하려는 시도는 너무 광범위하다는 바로 그 이유에서 비효율적일 수밖에 없다. 이를테면 300명의 계획가들로 이루어진 위원회는 다양한 필요들, 자원 이용 가능성의 상태, 그리고 전체 경제에 걸쳐 분산된 국지화된 지식을 알 길이 없다.

둘째, 명령경제는 그것의 동기화 수단으로서 궁극적으로 강제에 의존한다. 사회주의자들은 강제에 호소하는 것(베를린 장벽, 러시아의 강제 노동 수용소 등)이 자신들 체제의 부분이 아니라 단지 정치 지도자들이 잘못 내리는 불행한 선택일 뿐이고, 사회주의는 사람들의 개인 생활이 아니라 단지 경제를 통제하려고 할 뿐이라고 주장하곤 한다. 그러나 말할 것도 없이 경제 체제에서 주된 요소는 사실상 사람들이다. 그러므로 경제를 통제하는 것은 다름 아닌 사람들을 통제하는 것이다. 베를린 장벽은 특이한 불행이 아니었다. 더 나아가 인간 동기는 통제될 때 저하된다는 점만 밝혀두자.

셋째, 명령경제는 집산 체제(collectivized system)다. 근로자는 모두 총 생산량 중에서 자기 할당 몫을 위해 일한다. 개별 유인은 없다. 예를 들어 경제활동에 100명의 근로자가 존재한다면 각자는 총 생산량의 1/100을 받을 것이다. 만약 한 명의 근로자가 게으름을 부리면, 그가 입는 손실은 그가 게으름을 부리지 않았을 때 발생시켰을 생산량의 단지 1/100일 뿐이다. (이 체제가 인구 2억 명의 국가로 확대되었을 때의 유인을 상상해보라!) 결국 각자는 다른 사람들의 희생으로 살려고 하고 총 생산량은 급락한다.

　그리고 넷째, 생산의 유인은 근로자들에 대한 생사(生死) 통제권을 가진 정치 당국들을 만족시키는 것이다. 생산이 소비자 수요에 근거하는 시장과는 대조적으로, 명령경제에서 소비자는 잊힌 존재다.

Barron, John, *Mig Pilot* (New York: McGraw-Hill, 1980).

Friedman, Milton and Rose, *Free to Choose* (New York: Harcourt, Brace, and Jovanovich, 1980), pp. 9-37, 54-69.

Hayek, F. A., *The Fatal Conceit* (Chicago: The University of Chicago Press, 1988), pp. 85-88.

Rand, Ayn, *Atlas Shrugged* (New York: Random House, 1957), pp. 660-670.

Roberts, Paul Craig and Karen LaFollette, *Meltdown: Inside the Soviet Economy* (Washington, D. C.: The Cato Institute, 1990).

Steele, David Ramsay, *From Marx to Mises* (LaSalle, Illinois: Open Court Publishing Company, 1992), pp. 255-294.

19
자유무역 대 보호무역 제도

모든 경제학 학파는 더 많은 총 생산량을 창출하는 자유무역 가치를 인정한다. 더 많은 생산량이 창출되는 것은 각 생산자가 자신이 자연적 우위를 갖는 분야에 전문화할 수 있는 자유 때문이다. 각 무역 당사국의 자연적 우위는 사람들과 장소들 사이의 차이로 말미암아 나타난다. 미국 경제가 현재와 같이 생산적일 수 있는 가장 주된 이유는 방대한 지리적 자유무역 지역이 존재하기 때문이다(미국 헌법은 현명하게도 여러 주들 사이의 보호무역 장벽과 수입 할당을 금하고 있다).

애덤 스미스(Adam Smith)는 "집 밖에서(abroad) 더 싸게 얻을 수 있는 것을 집에서(at home) 생산하는 것은 어리석다"는 원칙을 명확히 진술했다. 이것은 문자 그대로 집(home)에 그대로 적용할 수 있을 뿐만 아니라 시, 군, 주, 지역 그리고 국가에도 마찬가지다.

이는 거래(trade)와 국제 무역(international trade) 사이에 원칙상 차이가 없다는 점을 강조한다. 즉, 소비되는 재화를 '수입하기(import)' 위하여 자신의 노동을 '수출하는(export)'데, 소비되는 재화를 직접 생산하기보다 그것이 재화를 얻는 더 값싼 수단이기 때문이다.

자유무역의 가치에도 불구하고 수입품에 대한 조세(관세, tariff)와 수입품에 대한 수량 제한(수입 할당, quota)으로 국제적인 분업을 붕괴시키려는 계속적인 요구들이 있다. 그러한 주장들은 궁극적으로 경제에서 나머지 사람들을 희생시키고 특수 이해관계자에게 소득을 이전하기 위해 개진된 특수 이익집단의 간청에 다름 아니다.

헨리 조지(Henry George)는 보호무역주의의 오류를 다음과 같이 요약했다. "보호가 우리에게 가르쳐주는 것은 적이 전시에 우리에게 하려고 하는 것을 평화 시에 우리 자신에게 하라는 것이다."

가장 보편적인 일곱 가지 보호무역 논거들과 그에 대한 반박들에 관한 개관을 아래에 제시한다.

군사적 자급자족: 이 논거는 어떤 필수적인 군사 재화(military goods)는 전시에 다른 국가들로부터 얻을 수 없을지 모르므로 생존 가능한 국내 산업이 국방을 위해 필요하다고 주장한다. 그러나 그러한 시나

리오에 대한 진정한 관심은 필요한 재화를 비축함으로써 처리될 수 있다. 그러한 비축 프로그램은 소비자로 하여금 여전히 자유롭게 물건을 사러 전 세계를 돌아다니게 하고, 국제적인 분업을 붕괴시키지 않을 것이다. 이러한 주장을 하는 사람들이 그런 재화를 공급하는 바로 그 기업들일 때는 그들의 논거를 의심해야 한다. 최근 미국에서 경험할 수 있는 예들은 심지어 양모 양말과 철강 — 쉬운 대체품들과 생존 가능한 기존의 미국 국내 생산이 있는 재화 — 조차 포함한다.

더 나아가 조세와 규제를 축소하는 프로그램은 생존 가능한 미국 내에서의 생산이 계속되도록 허용할 것이다. 따라서 어떤 회사들이든 현행 정책들이 미국 경제에 가하는 폭력을 인식해야 하며, 시장에 대한 정부 간섭을 강화시키는 것이 아니라 축소하는 것이 경제적으로 더욱 효율적이고 정당하다는 사실을 인식해야 한다.

국내 산업의 보호: 그러한 주장들의 오류는 미국 내의 어떤 산업에 대한 보호이든 바로 그만큼 미국 내의 다른 산업들에 피해를 준다는 점이다. 예를 들어 철강 수입품에 대한 보호무역 제도는 생산 과정에서 철강을 투입물로 사용하는 미국 기업들 — 자동차 제조업자, 세탁기 제조업자, 모든 기업의 운송비용 등 — 에 손해를 끼친다.

고용 보호: 밀턴 프리드먼은 이렇게 말했다. "우리는 살기 위해 일하는 것일 뿐, 일하기 위해 사는 것이 아니다." 관심을 우리의 생산에 두어야 하며 그것의 수단(고용)에 두어서는 안 된다. 미국 내의 고용을

보호하기 위한 관세와 수입 할당은 자급자족하는 데 가장 비효율적인 생산 분야에 종사함에 따라 우리의 생활수준을 축소한다. 자유무역으로 이동하는 경우에도 그러한 관세와 수입 할당 때문에 현재 존재하는 인위적인 유형을 제외하고는 미국에서의 고용 유형을 재구성할 필요는 없을 것이다. 바꿔 말하면, 자유무역으로의 이동과 함께 반드시 발생할 일정 작업 분야에서의 고용의 상실은 현재 자유무역이 이루어지지 않고 있기 때문이다. 만약 애초부터 자유무역 정책을 받아들였더라면 이러한 특정 직업들은 미국 내에 생기지 않았을 것이다.

안정성을 위한 다양화: 이 논거는 미국 경제에서는 그다지 적용되지 않지만, 국가경제가 구리 수출에 크게 의존하는 칠레 같은 국가에는 종종 사용된다. 이것이 오류인 이유는 칠레가 구리 생산에 강한 우위를 지니고 있고, 강제적으로 다양화하는 것이 기회비용으로 대가가 클 것이기 때문이다. 개개 기업가들은 자신의 평가에 따라 이런 결정들을 내려야 한다. (개인적으로 이는 외과 의사에게 다른 생계 수단을 마련하라고 경고하는 것과 같을지 모른다. 이것은 외과 의사 업무를 수행할 수 없는 위험에 대비해 보호를 제공할 것이지만, 법률가로서 교육을 추구할 때는 상실되는 소득이 막대할 것이다.)

유치(幼稚) **산업** : 이것도 현대 미국에서 현재 유행하는 논거는 아니다. 그러나 새 산업들이 '성숙해서(mature)' 기성 외국 기업들과 서로 마주 보고 경쟁할 수 있을 때까지 기성 외국 기업들과 경쟁하는 새 산업들을 보호해야 한다는 기본 관념은 여전히 잘못된 것이다. 요컨대,

이는 사적 투자자들의 판단을 정부 관리들의 판단으로 대체한다는 것을 암시한다. 정말로 생존 가능한 기업은 미래 이윤을 얻기 위하여 — 투자의 한 형태로서 — 손실을 기꺼이 흡수할 투자자들을 발견할 수 있다. 사실 이것은 시장에서는 관례적이다. 대부분 새 사업들이나 제품들은 초기 단계에서 손실을 보지만 투자자들은 여전히 그러한 투자의 가치를 본다. 그러한 기업들이 자발적으로 투자자를 끌어들이는 데 성공하지 못하고 있다는 사실은 미래에 얻을 이익이 없다는 강력한 증거다. 잃어버릴 것이 뻔한 자신의 돈을 가진 사적 투자자와 결과에 아무런 개인적·재정적 이해관계가 없는 정부 관리 중 누구의 판단이 더 나을까? 만약 사실상 이것이 보호무역 제도에 진정으로 타당한 논거라면, 그것은 논리적으로 단지 기성 외국 기업들과 경쟁하는 미국 국내 기업들뿐만 아니라 기성 국내 기업들과 경쟁하는 다른 국내 기업들에도 적용 — 예를 들면 새내기인 폭스(FOX)를 위해 NBC 프로그램들에 부과하는 특별세 — 되어야 할 것이다.

덤핑 : 두 가지 유형의 덤핑(dumping)이 있다. 첫 번째는 제품을 미국 국내에서보다 외국에서 더 낮은 가격으로 판매하는 것이다. 이것은 충분히 예상할 수 있다. 일반적으로 구매자들은 (물론 다른 조건들이 모두 일정하다면) 외국에서 만든 재화보다 미국 국내에서 생산된 재화에 대해 좀 더 충성스럽다. 그러므로 외국인들에게 성공적으로 판매하는 유일한 방법은 가격을 양보하는 것이다. [이 충성심 요소 때문에 덤핑이 전형(norm)이 아니라면 이상할 것이다.]

두 번째 유형의 덤핑은 외국에서 판매하도록 기업에 보조금을 주는 것이다. 당연히 미국 기업들은 다른 국가들에 의한 그런 관행들에 대해 불평한다. (이것은 미국 기업들이 그런 보조금을 받지 않는다고 말하는 것이 아니다. 자신의 재정적 이득을 위해 정부의 권력을 사용하는 특수 이해관계자로서 이는 매우 흔한 일이다.) 만약 다른 국가들이 자신들의 미국 판매를 정말 보조한다면 그들은 미국 소비자들에게 선물을 주고 있는 셈이다. 이는 보조하는 경제를 위해 현명하지 않지만, 관세와 수입 할당으로 미국 소비자를 처벌함으로써 그 상황을 교정하는 것도 옳지 않다. 선물 금지를 일관성 있게 적용하면 견본도 금지할 것이다! 다른 국가들이 이러한 형태의 덤핑에 호소하는 것에 관해 종종 인용되는 유추는 각 경제를 구명정 안의 사람으로 간주하는 것이다. 구명정은 전 세계의 전반적인 생활수준이다. 만약 구명정 안에 있는 어떤 한 사람이 어리석게도 총을 쏘아 보트의 밑바닥에 구멍을 낸다면 다른 사람들이 절대 해서는 안 되는 일은 보트 밑바닥에 추가적인 폭발을 가하여 같은 식으로 보복하는 것이다. 복합적으로 증가하는 이러한 실수들은 해결책이 될 수 없다.

값싼 외국 노동: 이 논거는 미국 근로자들이 저임금 외국인들과 불공정하게 경쟁해서는 안 된다고 주장한다. (누구나 자신을 자유 경쟁으로부터 제외하는 어떤 이유를 찾아낸다. 저임금 외국 근로자들은 자신들이 고숙련 미국 근로자들과 경쟁해야 하는 것이 불공정하다고 주장한다!) 모든 보호무역주의 논거가 그렇듯이, 이 논거도 외국에서 더 싸게 얻을 수 있는 것은 국내에서 생산하지 않는다는 원칙을 위반한다. 보호무역 제도에 반대하는 이러한

자기 이익 논거 외에도, 이미 가난한 외국인들의 생활 상태를 상대적
으로 매우 부유한 미국 근로자들의 생활 상태를 위해 희생하도록 요
구하는 것은 결코 인도적이지 않다.

Bovard, James, *The Fair Trade Fraud* (New York: St. Martin's Press, 1991).

Ebeling, Richard and Jacob Hornberger, editors, *The Case for Free Trade and Open Immigration* (Fairfax, Virginia: Future of Freedom Foundation, 1995).

Friedman, Milton, *Bright Promises, Dismal Performance* (New York: Harcourt, Brace and Jovanovich, 1983), pp. 357-372.

Friedman, Milton & Rose, *Free to Choose* (New York: Harcourt, Brace, and Jovanovich, 1979), pp. 38-54.

Roberts, Russell D., *The Choice* (Englewood Cliffs, New Jersey: Prentice Hall, 1994).

Taylor, Joan Kennedy, editor, *Free Trade: The Necessary Foundation for World Peace* (Irvington-on-Hudson, New York: The Foundation for Economic Education, 1986).

Ⅱ
화폐와 금융

20
화폐

언어와 관습이 그랬듯이 화폐도 진화했는데, 물물교환(재화를 직접 재화와 교환하는 것)의 과정으로부터 진화했다. 그것은 투표나 사회적 계획 또는 정부 법령을 통해 생긴 것이 아니다.

이 마지막 말은 법정 불환 지폐(fiat money) — 정부 법령에 의한 화폐 — 가 전형적인 오늘날의 경험과 모순되는 것으로 여겨질지도 모른다. 이것은 거래되는 재화로부터 생기는 화폐에 대한 예외가 아닌가? 아니다. 루트비히 폰 미제스가 제시한 탁월한 '회귀 정리(regression theorem)'는 원초적 진실을 증명한다. 우리의 화폐의 역사를 거슬러 올라가면 법정 불환 지폐의 가치는 금의 상품 가치에 기초함을 알 수 있다. 미국 달러는 국제 활동 무대에서는 1971년, 국내 활동 무대에서는 1933년에 금과 단절되었다. 그 이전에 미국 달러는 각각 온스 당 35달러와 20달러에 금으로 태환될 수 있었다. 완전한 금 태환 가능성의 경험 없이 지폐는 결코 화폐가 될 수 없었을 것이다.

그러나 물물교환은 욕망의 이중적 일치(a double coincidence of wants) 문제 — 거래의 각 당사자는 다른 당사자가 가지고 있고 기꺼이 거래하려는 것의 대가로 어떤 것을 가지고 있고 기꺼이 거래하려고 해야 한다 — 를 지니고 있었다. 물물교환이 진행됨에 따라 일정 재화들이 다른 재화들보다 거래에서 더 쉽게 수용되고 이것이 상승 작용을 일으킨다는 점이 거래자 자신들에 의해 발견되었다. 이로써 이른바 '눈덩이 효과(snowball effect)'가 발생했다. 이러한 재화가 광범위한 수용 때문에 거래에서 표준이 됨에 따라, 화폐가 모든 거래의 절반이 됨으로써 욕망의 이중적 일치는 해결되었다. 화폐(교환의 수단)를 갖게 됨으로써 거래와 복잡한 사업 협정들이 더욱 촉진되었다. 사실상 이것은 화폐가 바퀴나 불에 비교될 수 있을 정도로 인류 진보를 위해 중요하다는 것을 의미한다.

화폐는 가치를 비교할 수 있게 한다. 예를 들면, 셔츠는 1그램의 금으로 살 수 있고 카메라는 5그램의 금으로 살 수 있다. 공통분모의 가치 척도를 가짐으로써 이윤 · 손실 평가를 가능하게 하였다. 만약 화폐가 없다면 물물교환하의 전 기간의 교환들을 나열해야 할 것이고, 공통 가치가 없는 거대한 교환 배열이 초래될 것이다. 마지막으로, 화폐는 가치의 저장 수단에 이바지하여 시간에 따른 가치 비교를 확장하고, 생산적인 업무를 수행하는 데 이용될 수 있는 시평(時平, time horizon)을 길게 한다. 경제가 인플레이션을 겪는 정도만큼 화폐는 더 빈약한 계기(計器)가 되어 가치 비교를 왜곡하고, 가치의 저장 수 단으로서 화폐의 토대를 침식하며, 궁극적으로 ─ 초(超)인플레이션 (hyperinflation) 동안 ─ 거래자들이 물물교환 관계로 되돌아감에 따라 교환의 수단으로서 실패하게 된다는 점을 주목하라.

Mises, Ludwig von, *Human Action* (Chicago: Henry Regnery Company, 1966), pp. 408-412.

Paul, Ron, *Ten Myths About Paper Money* (Lake Jackson, Texas: The Foundation for Rational Economics and Education, 1983).

Rand, Ayn, *Atlas Shrugged* (New York: Random House, 1957), pp. 410-415.

Rothbard, Murray N., *Man, Economy, and State* (Los Angeles: Nash Publishing, 1970), pp. 231-237.

_____, *What Has Government Done to Our Economy?* (Auburn, Alabama: Praxeology Press, 1990), pp. 15-63.

Sutton, Anthony, *The War on Gold* (Seal Beach, California: '76 Press, 1977).

21
인플레이션

 인플레이션은 화폐 공급의 증가로 인해 생긴다. 전통적인 정의는 '일반 물가 수준의 상승'이지만, 사실상 이것은 효과일 뿐 원인이 아니다. 대부분 경제학자들은 일반적인 논의에서 이러한 차이를 설명하려는 노력을 포기하였는데, 부분적인 이유는 대부분 사람들이 '케인스의 색안경'을 통해 세계를 보기 때문이다. 케인스 이론은 실업이 존재함과 동시에 화폐 공급 증가로 야기되는(혹은 총공급을 감소시키는 공급 충격 이외의 어떤 다른 원인으로부터의) 인플레이션은 존재할 수 없다고 말한다. 그들은 화폐 공급의 어떤 증가도 인플레이션을 야기하지 않으리라고 — 그것은 단지 사람들을 일하게 할 뿐 가격이 오르게 하지 않으리라고 — 말한다.

화폐 공급이 증가해서 가격을 오르게 한다는 인플레이션 이론은 기본적인 공급·수요 분석과 일치한다. 재화의 공급 증가가 있을 때 각 단위의 가치는 내려가야 한다. 그것은 한계 효용 체감의 법칙에 들어맞는다. 그것은 미국의 역사와 부합하는데, 미국에서의 인플레이션은 (다른 나라들에서와 같이) 화폐 공급의 증가와 동시에 일어났다.

경제 이론에서 크게 경시되었던 점은 사람들이 화폐 제도를 통하여 도둑질한다는 점과 인플레이션이 그렇게 하는 수단이라는 점이다. 새로운 화폐를 더 많이 창출함으로써 모든 사람이 가진 기존 화폐의 가치는 새로이 창출된 화폐를 받는 사람들의 이익을 위해 서서히 줄어든다. 이것은 처음에는 연방준비은행, 그다음에는 일반 은행들, 그다음에는 그들로부터 화폐를 빌릴 때에 정부 등으로 이어진다. 드디어 보통 시민에게 도달할 때는 달러의 가치가 훨씬 더 줄어드는 지점에 이를 것이다. 그렇다면 인플레이션은 특수 이익집단의 영향력으로 인한 결과라고 할 수 있다.

오늘날 화폐 공급을 통한 도둑질은 비밀스러운 연방준비제도의 공개 시장 구매(open market purchase)와 부분 지급준비 은행업(fractional reserve banking)을 통해 이루어진다. (화폐 공급을 통해 도둑질하는 세 번째 방법 — 위조 — 은 적절하게도 불법적인 행위지만, 원칙에는 차이가 없다.) 따라서 레닌에 관한 케인스의 유명한 인용문은 전적으로 옳다.

레닌은 확실히 옳았다. 기존 사회의 토대를 뒤집는 수단으로 통화를 타락시키는 것보다 더 미묘하고 더 확실한 수단은 없다. 그 과정은 경제 법칙의 모든 숨겨진 힘을 파괴 쪽에 끌어들이고, 백만 명 중 한 명도 진단할 수 없을 방식으로 그렇게 한다.

연방준비은행이 화폐 제도를 통하여 도둑질하는 현대의 방식은 덜 세련된 이전의 수단들과 비슷하다. 이전의 두 가지 주요 수단들은 주화 깎기(coin clipping)와 화폐 가치 저하(debasement)였다. 주화 깎기란 금화나 은화의 가장자리를 줄로 깎아서 그것이 여전히 완전한 액면 가치 중량을 포함하는 것처럼 전달하고 줄밥(filings)을 부정 이득으로 취하는 관행이었다. 주화 가장자리의 오톨도톨한 톱니(가장자리의 접촉면에 새겨진 무늬) 표시는 그런 도둑질로부터 보호하기 위한 것이었다. 화폐 가치 저하란 완전한 중량을 가진 귀금속과 모양은 똑같으나 가치 있는 귀금속 대신 상대적으로 값싼 비(卑)금속을 가진 주화를 전달하는 것이다. 쉽게 입증될 수 있듯이, 오늘날 미국의 주조 화폐[주화가 아니라 '토큰(token, 대용 화폐)'이라고 불리는 것이 적합한데]는 전적으로 가치가 저하되었다. 1965년 이전 쿼터(quarter: 25센트 경화)에서 은은 1/4달러 이상의 가치를 가지고 있었고, 1964년 이후 쿼터에서 아연과 구리는 1/4달러 이하의 가치를 가지고 있었다. 이 '주화들(coins)'은 아연 및 구리 같은 값싼 금속들로 만들어졌고, 가장자리의 오톨도톨한 톱니 표시는 단지 향수 때문이거나 기만하기 위한 시도 때문이다!

비록 일반 물가 상승이 인플레이션의 가장 골치 아픈 폐해는 아니지만, 이러한 화폐 공급 증가는 일반 물가를 상승시킨다. 더욱 문제가 되는 것은 사람들이 열심히 일하고 저축하는 것이 자멸적이라는 것을 깨달음에 따라 도덕성에 나쁜 효과를 미친다는 것과 상대 가격의 왜곡으로 말미암아 호경기와 불경기가 교대하는 경기 순환이 발생한다는 것이다.

Alford, Tucker, "Fiat Paper Money: Tyranny's Credit Card" in *The Free Market Reader* edited by Llewellyn Rockwell (Burlingame, California: The Ludwig von Mises Institute, 1988), pp. 105-108.

Hazlitt, Henry, *The Inflation Crisis and How to Resolve It* (Lanham, Maryland: University Press of America, 1983), pp. 138-143.

Katz, Howard, *The Paper Aristocracy* (New York: Books in Focus, Inc., 1976), pp. 5-60.

Maybury, Richard J., *Whatever Happened to Penny Candy?* (Placerville, California: Bluestocking Press, 1989).

Mises, Ludwig von, *Economic Policy* (South Bend, Indiana: Regnery/Gateway, Inc., 1979), pp. 55-74.

Rothbard, Murray N., *What Has Government Done to Our Economy?* (Auburn, Alabama: The Ludwig von Mises Institute, 1990), pp. 38-44.

22
금 본위제

전 세계 그리고 인간의 전 역사에 걸쳐 많은 재화 — 조개껍데기, 암소, 궐련, 맥주, 양배추, 살담배, 구슬 등 — 가 화폐로 사용되었는데, 가장 흔히 사용된 화폐는 귀금속인 금과 은이었다. 그러한 재화는 민주적인 선거나 정부 포고에 의해서가 아니라 시장에서 소비자들의 자유로운 상호 작용에 의해 화폐로 생겨난 것이다.

화폐는 거래를 촉진하는 교환의 수단으로서, 가치의 척도로서 그리고 가치의 저장 수단으로서 이바지한다. 다른 많은 것을 제치고 금과 은을 최고의 화폐로 선택하게 한 특질은 그 귀금속들에 내재해 있는데, 예컨대 셔츠를 만들기 위해 면화를 사용하고 커피잔을 만들기 위해 세라믹을 사용하는 것에 비교할 수 있다. 면화가 셔츠의 훌륭한 재료가 되는 특질들 ― 가벼운 무게, 통풍성, 세탁 가능성 등 ― 을 가지고 있고, 세라믹이 커피잔의 훌륭한 재료가 되는 특질들 ― 단열, 물이 새지 않는 성질 등 ― 을 가지고 있는 바로 그 이유처럼 금은 화폐의 훌륭한 재료가 된다.

금은 화폐가 되기에 적합하게 결합된 네 가지 특질을 가지고 있다. 즉, 지속성(100년 된 주화는 아직도 주화로서 인식 가능하고 기능적이다), 광범위한 수용(전 세계에 걸쳐 사람들은 금을 귀중하게 여긴다), 단위당 높은 가치(1온스의 금은 오늘날 대략 350달러의 가치를 지닌다) 그리고 분할 가능성(1온스의 금을 절반으로 쪼개면 완전한 금 1/2온스 두 개가 나온다)이다. 화폐로 사용되었던 다른 재화들은 금과 같은 혼합적인 특질들을 갖지 못했다. 따라서 화폐로서의 금은 "금은 야만스러운 잔재다"라고 한 케인스의 유명한 포고와는 대조적으로 아주 합리적이고 논리적이며 타당하다.

아이로니컬하게도 금을 향한 사람들의 적개심에 대해 연방준비제도의 현 의장인 앨런 그린스펀(Alan Greenspan)은 『자본주의, 그 알려지지 않은 이상』(Capitalism the Unknown Ideal)에서 다음과 같이 올바르고 명확한 견해를 피력하였다.

금 본위제에 대한 거의 광란적이라고도 할 수 있는 적개심은 모든 분파의 국가 통제주의자들을 단결시키는 하나의 쟁점이다. 그들은 금과 경제적 자유가 불가분이라는 것, 금 본위제는 자유방임의 수단이라는 것 그리고 각각은 다른 것을 수반하고 필요로 한다는 것을 아마도 많은 일관성 있는 자유방임 옹호자보다 더 명백하고 미묘하게 지각하는 것 같다(p. 96).

금 본위 화폐 — 통화 단위가 금의 무게로 표시되고 금화가 유통되며 지폐는 요구하는 대로 완전히 태환 가능하다 — 를 반대하는 주장 중 하나는 땅속에서 금을 채굴하여 그 대부분을 은행 금고실에 처박아두고, 그 과정에서 발생하는 큰 비용을 부담하는 것은 어리석다는 것이다. 불행하게도, 밀턴 프리드먼 또한 이 진영에 속한다. 이런 비판자들은 순수 지폐 본위제를 수립하는 것이야말로 훨씬 비용이 덜 들 것이라고 주장한다. 이 주장은 말 그대로 옳지만, 발생되는 비용을 인식하지 못하고 있다. 모든 지폐와 신용은 실제 금 지금(地金)이나 금화로 태환 가능해야 하기 때문에 금 본위제는 화폐 창출을 억제한다. 지폐 본위제의 문제점은 화폐를 창출할 권한이 부여되면 더욱더 많은 양의 화폐를 창출하는 것을 중단시킬 방법이 없다는 점이다.

비유하자면, 종이 자물쇠가 더 싸다고 할 때 단단한 금속으로 자물쇠를 만드는 데 투입되는 온갖 수고와 비용은 어리석다고 주장될 수 있을 것이다! 그러나 말할 것도 없이 금속 자물쇠를 사용하는 이유는 종이 자물쇠로는 도둑질을 억제하지 못할 것이고 도둑 스스로 도둑질을 억제하지 않을 것이라는 점 때문이다. 또한, 화폐를 창출하는 권한을 가진 사람들도 추가적인 지폐 창출에 내재한 도둑질을 억제하지 않을 것이다. 지폐 공급과 달리 금은 대량으로 쉽게 창출될 수 없어 바람직하지 않다는 관념과는 반대로, 이 점이 사실상 금의 주요 장점들 중 하나다!

　정치가들의 청렴결백과 금의 안정성 사이의 선택에서 조지 버나드 쇼(George Bernard Shaw)는 "그 의원님들을 의당 존경하지만, 나는 유권자에게 금에 투표하도록 권유하겠다."고 말했다.

　또 하나의 우스꽝스러운 금 반대 주장은 금 가격이 너무 가변적 — 1970년대 초기의 70달러에서 1980년에는 850달러로 올랐다가 1997년 현재 355달러에 팔리고 있다 — 이라는 것이다. 그러나 이러한 분석 방식은 실제의 원인과 결과를 정반대로 바꾼 것이다. 지폐 달러로 나타낸 금은 1970년대 후반에 인플레이션이 두 자리 숫자에 도달했을 때 지폐에 대한 불신이 증가한 탓으로 급격히 치솟았다. 그러다가 1980년대의 인플레이션 완화와 함께 불안이 가라앉으면서 금 가격은 내려갔다. 금은 안전한 피난처, 인플레이션 위험에 대비한 방지책으로 간주되었다. 실제의 가변성은 지폐 달러에 대한 신뢰성에 있었고, 그런 달러로 나타낸 금 가격은 효과였을 뿐이다.

　화폐로서의 금에 반대하여 추가적으로 흔히 언급되는 주장은 미국 경제가 전 세계의 주요 금 생산국들 — 러시아와 남아프리카 — 에 의해 좌우될 것이라는 것이다. 이 주장에서 쉽게 간과하는 것은 이 두 나라의 연간 생산량이 기존 금 재고와 비교해서 미미하다는 점이다. 덧붙여, 금을 채굴하는 데는 비용이 들고, 가격이 비용을 정당화할 정도로 충분히 높아야만 그것이 이루어질 것이다. 그러나 증가하는 금 생산은 가격을 낮추고, 그리하여 과잉 생산에 필사적인 국가의 의도된 결과를 서서히 저해한다. 그러나 논의를 위해 두 국가가 가능한 최대한도로 대량 생산에 매달려 전 세계를 금으로 '범람시킨다'고 가정해보자. 이것이 우려할 일일까? 금은 산업에서 그리고 소비자들을 위해 귀중한 상품이다. 이것이 그렇게 비극일까? 내가 이것을 격정하는 것은 러시아가 석유나 밀을 대량으로 생산하고 그로 인해 나의 운전비용과 식사비용을 줄여줌으로써 그들 자신을 희생시킬지 모른다고 걱정하면서 잠을 못 자는 것과 같을 것이다!

금을 반대하는 마지막 주장의 하나는 미국 달러의 태환 가능성을 재수립할 만큼의 충분한 금이 없다는 것이다. 창출된 지폐 및 신용 달러들의 수량이 너무나 막대하여 온스당 20달러라는 원래의 비율에 달러를 태환할 만큼 충분한 금이 없다는 점은 사실이다. 그러나 우리는 현실을 인정하고 대략 온스당 2,000달러라는 적절한 비율에 달러를 재수립할 수 있다. 머리 N. 로스버드는 『은행업의 신비』(*The Mystery of Banking*)에서 바로 그러한 프로그램을 제안했다.

1. 1달러를 1/1,696온스의 금으로 규정한다.
2. 연방준비은행은 포트 녹스(Fort Knox)와 기타 재무부 보관소에서 금을 꺼낸 다음 그 금을 ⓐ 모든 연방준비제도 지폐를 당장 태환하는 용도와 ⓑ 상업은행에 내주는 대신 그들이 연방준비은행에 가지고 있는 모든 예금 구좌를 청산하는 용도로 사용한다……. 나는 가장 간편한 정의란 우리가 금 본위제로 복귀함과 동시에 금을 비국유

화하고 연방준비제도를 폐지할 수 있게 해줄 정의라고 제안한다(pp. 265~266).

Greenspan, Alan, "Gold and Economic Freedom" in *Capitalism the Unknown Ideal* edited by Ayn Rand (New York: New American Library, 1967), pp. 96-101.

Hazlitt, Henry, *The Failure of the New Economics* (New Rochelle, New York: Arlington House, 1959), pp. 153-155.

Katz, Howard, *The Paper Aristocracy* (New York: Books in Focus, Inc., 1976), pp. 5-18.

Paul, Ron, *The Case for Gold* (Washington, D. C.: The Cato Institute, 1982).

Rockwell, Llewellyn, editor, *The Gold Standard* (Lexington, Massachusetts: D. C. Heath and Company, 1985).

Rothbard, Murray N., *The Mistery of Banking* (New York: Richardson and Snyder, 1983), pp. 263-269.

23
연방준비제도

연방준비제도는 미국에서 세 번째로 설립된 중앙은행업 제도다. 미국 제1 은행(the First Bank of the United States)과 미국 제2 은행(the Second Bank of the United States)이라고 불린 처음 두 개는 각각 1792~1812년과 1816~1836년에 특허 설립되었다.

1907년의 은행 공황은 주요 은행업자들을 자극하여 그러한 곤란한 상황이 미래에는 자신들을 괴롭히지 않도록 보장하게 하였다. 1910년, 그러한 은행가들 중 한 집단이 조지아 주 지킬 섬(Jekyll Island)으로 평범한 오리 사냥 여행 중인 것처럼 꾸며 미래의 중앙은행을 입안하였다. 그들은 자신들이 입안한 은행 법안을 지지했으나, 의회에서 의심 많은 농촌 및 중서부 의원들에 의해 부결되었다. 그래서 시기를 기다렸다가 그들은 이 법안을 — 다른 제목이 붙어 있지만 이제 는 자신들이 반대하는 척하면서 — 다시 제출하였다. 1913년, 많은 의원이 크리스마스 휴가를 즐기는 사이에 의회에 남아 있던 '여당'은 연방준비제도법(Federal Reserve Act)을 통과시켰고, 그것을 12월 23일에 는 우드로 윌슨 대통령의 서명을 받기 위해 서둘러 보냈다. Fed(연방준 비제도)는 비록 의회의 법령으로 설립되었지만, 미국 전화번호부의 백 색 페이지(white page: 전화 가입자의 이름이 실린 페이지)에서 찾아볼 수 있는 — 12개 지역의 은행들에 의해 — 사적으로 소유된 조직이다.

이처럼 연방준비제도는 특수 은행업자들의 간청에 따른 비밀 거 래에 그 기원을 갖고 있었다. Fed의 취지는 은행들이 요구할 때 탄력 적인 화폐 공급을 발생시킬 수 있는 중앙은행을 인가하는 것이었다. 바꿔 말하면, 은행업자들에게 다른 공황이나 예금 인출 사태라는 결 과를 겪지 않고 무(無)에서 화폐를 창출할 수 있게 해주는 것이다. 따 라서 Fed는 은행들을 위한 카르텔 기관으로서 창조되었는데, 마치 ICC가 철도를 위해, CAB가 항공회사를 위해 설립된 것과 같았다. 덧 붙여서, Fed는 국채(정부 부채) 판매를 위한 출구 역할을 함으로써 연방 정부의 적자 재정을 촉진한다.

Fed는 은행들의 인플레이션 관행을 조정하고, 인위적인 화폐 창출 을 억제할 지폐 태환의 압력을 각은행이 받지 않도록 보호한다. 1913 년에 Fed가 설립된 이후, 달러 가치는 90% 이상 떨어졌다! Fed가 인 플레이션에 대항하는 투쟁을 이끈다고 주장하는 인습적인 지혜란 그런 것이다.

　Fed의 창설은 금에 토대를 둔 정직한 화폐의 가치를 서서히 저하시키는 많은 단계 가운데 중요한 한 단계로 이해되어야 한다. 이 과정에서 다른 단계들은 법정 화폐법(금으로 태환할 수 있는 연방준비은행권으로부터 금이나 법화로 태환이 가능한 것, 단지 법화만으로 태환 가능한 것, 전혀 태환 불가능한 것으로의 이동), 모든 은행권의 연방준비은행권으로의 대체, 1933년 미국 국내의 금 본위제 폐지, 그리고 1971년 국제적인 금 본위제 폐지를 포함한다. 당신의 지갑에 들어 있는 연방준비은행권들은 금이나 그 밖의 어떤 것으로도 태환될 수 없으므로 어떤 의미에서 그것들이 은행권(notes)인지 질문해야 한다. 은행권은 지급하겠다는 약속(a promise to pay)이다. Fed는 다른 지급 약속(another promise to pay)을 지급하겠다고 약속하는 것 외에는 하지 않는다!

Paul, Ron, *The Case for Gold* (Washington, D. C.: The Cato Institute, 1982).

Rockwell, Llewellyn, editor, *The Fed* (Auburn, Alabama: The Ludwig von Mises Institute, 1993).

_____, "The Real Secrets of the Temple" in *The Free Market Reader* edited by Llewellyn Rockwell (Burlingame, California: The Ludwig von Mises Institute, 1988), pp. 116-122.

Rothbard, Murray N., *The Case Against the Fed* (Auburn, Alabama: The Ludwig von Mises Institute, 1994).

_____, *The Mistery of Banking* (New York: Richardson and Snyder, 1983).

Schiff, Irwin, *The Biggest Con: How the Government is Fleecing You* (Hamden, Connecticut: Freedom Books, 1976), pp. 254-289.

24
경기 순환

경기 순환이란 경제 역사에서 볼 수 있는 호황과 불경기의 반복적인 파동이다. 근대의 선진 산업주의 시대 이전의 호황은 풍작을 낳는 좋은 날씨와 군사적 승리로 얻은 전리품과 같은 사건들에 의해 설명될 수 있었다. 마찬가지로, 불경기는 흉작을 초래하는 혹독한 날씨나 군사적 패배로 설명될 수 있었다. 각각의 경우, 원인들은 아주 분명했다.

그러나 근대의 경기 순환은 매우 복잡한 현상이므로 더욱 정교한 설명을 필요로 한다. 마르크스주의자들은 경기 순환으로 불가피하게 자본주의가 붕괴할 것이라고 믿었지만, 이 이론은 폐기될 수밖에 없다. 왜냐하면, 사회주의는 붕괴했지만 자본주의는 붕괴하지 않았기 때문이다. 케인스 이론가들은 경기 순환을 적절한 지출 수준(호황)이나 과소 지출(불경기) 혹은 과잉 지출(인플레이션)로 설명하지만, 자신들의 이론이 정사각형 원(square circle)만큼이나 일어날 가능성이 없는 것으로 취급하는 상태인 인플레이션과 불경기 양쪽 모두의 동시적 발생에 당황했다.

프리드먼파 통화주의자들은 경기 순환의 원인이 되는 요소로서 화폐 공급에 적절하게 관심을 기울이지만, 그들은 자신들이 지지하는 — 화폐 공급을 느리지만 꾸준하게 증가시킨다는 — 정책의 나쁜 효과들을 깨닫지 못한다. (또한, 프리드먼파들은 비자발적인 부의 이전을 야기하는 인위적인 화폐 공급 증가의 윤리적인 측면들을 고찰하지 못한다.)

올바른 오스트리아학파의 경기 순환 이론 또한 원인 요소로서의 화폐 공급에 초점을 맞추지만, 인위적인 화폐 및 신용 증가가 사실상 경제 개입임을 확실히 인식한다. 기본적으로 오스트리아학파의 이론은 경제를 구성하는 전체 개인들에 의해 자발적으로 선택되는 소비 대 저축의 어떤 비율이 있다고 인정한다.

은행들을 통한 인위적인 화폐 공급 증가가 발생할 때, 이는 저축할 수 있는 화폐를 증가시키고 이자율을 억제함으로써 이자율에 고도로 민감한 지출(자본 지출)에서 인위적인 증가를 조장한다. 자본재 산업에 대한 이러한 급등이 바로 호황인데, 소비자들이 자신들의 소비 대 저축 비율을 재수립할 때 후속 불황이 나타난다. 따라서 자본재 호황이 사실은 인위적이었음이 드러난다. 불황을 막는 유일한 방법은 더 높은 저축률을 유지하도록 1회분의 새로운 화폐를 또다시 체제에 주입하는 것이지만, 결국에는 이것이 중단되어야 하는데 그렇지 않으면 천정부지의 인플레이션이 야기될 것이다.

그러므로 인위적인 화폐 공급 증가는 — 화폐 정책을 통해 — 자본재 산업에 대해 정부가 보조해주는 것이다. 자연적으로 그 보조금은 자본재 산업에서 생산을 자극한다. 소비자들이 선호하는 저축률을 재수립하여 보조금의 효과가 제거되기만 하면, 자본재 산업은 붕괴한다.

다른 모든 학파와는 대조적으로 오스트리아학파는 불황을 나쁜 뉴스로 간주하지 않는다. 왜냐하면, 그것은 생산을 소비자들의 선호와 일치하도록 되돌리는 데 필요한 교정이기 때문이다. 이들의 견해는 이전의 인플레이션이야말로 필요한 교정을 준비해야 하는 해악이라고 본다. 이 이론을 명백히 하기 위해 다음과 같은 두 가지 유추를 제시한다.

마약 중독자가 같은 쾌락 자극을 얻기 위해 마약 복용량을 점점 더 늘릴 필요가 있다는 것은 누구나 안다. 이는 자본재 산업의 호황을 야기하는 화폐 공급 증가에 비유할 수 있다. 마약 중독자는 복용량을 늘려 결국 자신이 마약 때문에 죽는 것과 갑자기 마약을 끊어 금단(禁斷)의 고통을 겪는 것 중 하나를 선택할 수 있다. 금단 고통은 경제의 불황 조정과 비슷하다.

두 번째 유추를 보자. 만약 어떤 사람이 독극물을 섭취했다면 이를
테면 토하는 방법으로 자기 몸에서 독극물을 제거할 필요가 있을 것
이다. 불쾌한 구토가 독극물 섭취의 해악에 필요한 치료임이 분명하
다. 이 유추에서 독극물은 인플레이션이고, 토하기는 불황이다.

오스트리아학파의 관점에서 경기 순환에 대한 치유책은 화폐 공급
이 시장에서 개인들의 자유 선택에 의해 결정되게 놓아두는 자유방
임 정책이다. 이러한 오스트리아학파의 정책에 대한 대안은 화폐와
금융에 대한 정부 개입인데, 이것은 불가피하게 처음 새 화폐를 받는
사람들 ─ 은행 제도 그 자체 ─ 의 이익을 위해 화폐 공급을 증가시
키려는 특수 이익집단의 압력을 초래한다.

Brown, Susan, et al., *The Incredible Bread Machine* (San Diego: World Research, Inc., 1974),
    pp. 30-33.
Browne, Harry, *New Profits from the Monetary Crisis* (New York: William Morrow and
    Company, Inc., 1978), pp. 40-52.
Ebeling, Richard, *The Austrian Theory of the Business Cycle and Other Essays* (Burlingame,
    California: The Center for Libertarian Studies, 1983).
Mises, Ludwig von, *On the Manipulation of Money and Credit* (Dobbs Ferry, New York: Free
    Market Books, 1978), pp. 57-107.
Rothbard, Murray N., *America's Great Depression* (Los Angeles: Nash Publishing, 1972), pp.
    11-77.
Skousen, Mark, *The Structure of Production* (New York: New York University Press, 1990).

25
검은 화요일

1929년 10월 29일은 주식 시장이 붕괴한 날이고, 흔히 대공황이 시작된 날로 간주된다. 이러한 붕괴에 대한 일반적인 설명은 과잉 투자, 소득 분배의 불균형과 그로 인한 소비 지출의 부족 혹은 단순한 자유 시장의 붕괴와 같은 이론들이다.

과잉 투자 이론은 특별한 의미를 찾을 수 있을 만큼 충분히 근본적이지 못하다. 먼저 무엇이 과잉 투자 자체를 야기했는지를 물어야 한다. 소득의 불균형과 소비 지출의 부족은 잘못된 비판일 뿐만 아니라 실제로도 잘못된 것이다. 소비는 1925년에는 GNP의 73%였는데 1929년에는 75%로 증가했다. 다음 내용은 로스버드가 『미국의 대공황』(*America's Great Depression*)에서 언급한 내용을 인용한 것이다.

만약 과소 소비가 어떤 위기에서든 타당한 설명이라면 잉여가 쌓이는 소비재 산업들에는 불경기가 있을 것이지만, 생산재 산업들에는 적어도 상대적인 호황이 있을 것이다. 그러나 불경기 동안 크게 고통을 겪는 것은 생산재 산업들이며 소비재 산업들이 아니라는 것이 일반적으로 인정된다. 과소 소비론은 이 현상을 설명할 수 없다……. 어떤 위기에서나 부적합 투자(malinvestment)와 과소 저축의 특징을 띠며 과소 소비의 특징을 띠지는 않는다(p. 58).

자유 시장의 실패는 이론적으로나 역사적으로 잘못이다. 미국은 자유 시장경제가 아니었다. 아주 중요하게 중앙은행 제도라는 형태로 경제에 대한 개입이 많았다. 덧붙여서 보조금, 소득세, 규제, 관세 그리고 정부에 의해 수립된 중앙은행 제도에 의해 무(無)에서 이루어진 화폐 창출은 자유로운 시장경제의 예외들이었다.

실제로 주식 시장 붕괴를 야기한 사건들은 1929년 3월부터 개입주의 의회에 의해 고려되고 있던 (1930년 6월에 법률로 확정된) 스무트-홀리 관세(Smoot-Hawley Tariff)에 관한 심의였다. [그해 5월 5일, 1,028명의 경제학자가 후버(Hoover) 대통령에게 그 관세에 서명하지 말라고 요구하는 청원서에 서명했다.] [주드 와니스키(Jude Wanniski)가 그렇게 했듯이] 그 관세에 관한 일상의 뉴스를 추적해보면, 그 관세가 부과될 것 같을 때마다 주식 시장의 시세가 내려가고 그 관세가 무효화될 것 같을 때마다 시세를 회복하는 유형을 띠었다. 그러다가 10월 28일 월요일에는 그 관세가 정말 통과될 것이고 주식 시장 점유율에서 막대한 가치를 파괴할 것이 명백해졌는데,

후자의 사실은 그 당시 거래소들이 다음날 문을 열었을 때 스스로 모습을 드러냈다.

여러분은 6월에 제정된 법률이 어떻게 그 전해 10월에 벌어진 사건을 야기할 수 있었는지에 대해 궁금해할지 모른다. (주식을 포함하여) 재화의 수요에 대한 결정 인자들 중의 하나는 예상(expectation)이다. 수입품들에 무거운 관세가 부과될 것이라는 예상이 주식 수요를 감소시켰다. 수입 관세가 미국 기업의 주식 가치를 감소시킬 수 있는 이유는 투자자들이 미국의 수입 관세의 결과로 수출이 감소할 것임을 이해할 수 있었을 것이기 때문이다. 경제학자들의 청원서 내용을 인용해보자.

다른 국가들이 우리에게 판매하도록 허용되지 않는 한 그들이 우리로부터 영구적으로 구매할 수는 없고, 우리가 그들로부터의 재화 수입을 더욱 높은 관세로 더 많이 제한할수록 그들에게 수출할 가능성은 더 많이 줄어든다…….

바꿔 말하면, 무역은 양 방향 차도이고 장애물은 양 방향으로 교통을 차단한다. 덧붙여서, 다른 국가들에 의한 보복 관세는 미국의 수출 판매액을 더욱 줄일 것이고, 그 미국 기업들의 이윤을 감소시킬 것이다. 많은 기업이 외국 제품들을 자신들의 제조 과정의 투입물로 구매하고 있으므로 높은 수입 관세는 미국 기업들의 비용을 증가시킬 것이고, 이것은 다시 기업의 자산 가치를 줄일 것이다.

Anderson, Benjamin, *Economics and the Public Welfare* (Indianapolis: Liberty Press, 1979), pp. 192-204.

Brown, Susan, et al., *The Incredible Bread Machine* (San Diego: World Research, Inc., 1974), pp. 29-43.

Mises, Ludwig von, *On the Manipulation of Money and Credit* (Dobbs Ferry, New York: Free Market Books, 1978), pp. 57-107.

Rothbard, Murray N., *America's Great Depression* (Los Angeles: Nash Publishing, 1963), pp. 56-58.

Temin, Peter, *Did Monetary Forces Cause the Great Depression?* (New York: Norton & Company, 1976), pp. 4, 32.

Wanniski, Jude, *The Way the World Works* (New York: Simon and Schuster, 1983), pp. 139-151.

26
대공황

    대공황은 이전과 이후의 경제 하강들과 마찬가지로 인위적인 화폐 공급에 의해 초래되었는데, 인위적인 화폐 공급은 1920년대에 연방준비제도에 의해 교묘히 실행되었다. 증가한 화폐 공급은 인위적으로 낮은 이자율을 초래했고, 자본 프로젝트들 — 특히 주식 시장과 부동산 — 에 대한 투자를 자극했다.

    1929년에 그런 부적합 투자들(malinvestments)이 청산되는 중이고 다시 한 번 진정한 소비자 수요에 토대를 둔 생산으로 이동하는 중이어서 그에 따른 필요한 조정이 시작되었다. 불행하게도 이전의 다른 많은 하강과는 달리 후버(Hoover) 행정부는 이 하강을 막기 위해 필사적으로 싸웠고, 그리하여 그것을 대공황으로 바꾸었다. (1921~1922년에 미국은 격심한 불경기를 겪었으나 후버/루스벨트 뉴딜 유형의 정부 조치들 없이도 신속히 청산되었다.) 필요한 조정을 방해하는 후버 대통령의 첫 번째 개입은 그 당시의 주요 실업가들을 소집하여 (호황이 고임금을 야기하는 것이 아니라) 고임금이 호황을 야기한다는 잘못된 이론에 따라 자기 고용인들에게 계속 고임금을 지급하겠다는 보장을 억지로 얻어낸 데 있었다. 또한, 1930년 6월 후버 대통령에 의해 서명된 스무트-홀리 관세는 다른 국가들과의 무역에 50%의 관세 장벽을 세우는 결과가 되었고 그로 인해 국제적인 분업을 방해하였다.

1932년, 후버 대통령은 최고 세율을 25%에서 64%로 올려 소득세를 무리하게 증가시키는 바람에 이미 약해진 경제에 더욱 큰 부담을 주었다. 이로 미루어볼 때 후버 대통령은 자유방임 옹호자가 아니었다. 덧붙여서, 1930년에 연방 정부 관리들은 부흥금융회사(Reconstruction Finance Corporation)를 활용하여 다 쓰러져 가는 대기업들을 일으켜 세우기 위하여 새로운 기관을 창설했다. 1932년에 후버 대통령은 이렇게 말했다. "나는 지금까지 공화국의 역사에서 개발된 것들 중 가장 거대한 경제 방어 및 반격 프로그램을 수행했다." 경제 회복이 진행되게 허용하는 대신 연방 정부는 사태를 지연시켰고 꼭 필요한 회복을 막는 많은 조처를 했다.

정부의 이 같은 거대한 일련의 개입들에 대항하여 민주당은 개입 감소, 세금 감소, 연방 지출 감소 그리고 금 본위제 유지라는 공약을 내건 대통령 후보를 내세웠다. 불행하게도, 일단 취임하자 프랭클린

루스벨트(Franklin Roosevelt)는 자신이 선거 공약으로 내세웠던 것과는 매우 다르게 통치했다. 취임한 지 한 달도 되지 않아 규정을 위반하면 10년의 징역형과 1만 달러의 벌금을 부과한다는 조건으로 금을 미국 국민으로부터 몰수하였다. 달러는 40% 정도 평가 절하되었고, 경쟁과 산출물을 축소시키기 위해 미국 부흥국(National Recovery Administration)이 설립되었다. NRA는 각종 산업을 카르텔화하였고, 여러 협의회(councils)는 최저임금을 포함하여 최저 가격 규정들을 수립하였으며, 그것의 순효과로 영업비용을 50%나 증가시켰다. 덧붙여서, 농업 조정법(Agricultural Adjustment Act)은 농지 가격을 끌어올리기 위한 방법으로서 농작물 파괴를 허가하였다. (궁핍한 때 산출물을 축소시키는 것은 틀림없이 인간이 상상할 수 있는 가장 냉혹한 조치들 중의 하나일 것이다!)

다행히도 1935년에 대법원은 특혜 사업들을 위한 이러한 중앙 계획의 많은 부분이 위헌임을 발견하기 시작했고, 이러한 위헌 프로그램들은 중단되었다.

그럼에도 루스벨트는 자신의 사회 공학(social engineering)을 끝내지 않았다. 1937년에는 미분배 이윤세(undistributed profits tax)에 서명하였고, 증권 거래 규제들이 증가했으며, 1935년에는 와그너 법(Wagner Act)이 발효되었다. 와그너 법은 자유로운 노사 관계의 토대를 허물어뜨렸고, 노동조합에 권력을 부여했으며, 고용을 탐색하는 사람들에게 더 큰 빈곤을 야기했다. 또한, 루스벨트는 1936년과 1938년에 농업 조정법의 덜 위헌적인 변형을 회복시켰다.

1937~1938년에는 최초로 알려진 불경기 속의 불경기가 발생함에 따라 경제는 급락을 거듭했다. 설상가상으로 1938년에는 임금 및 근로 시간법(Wage and Hours Act)이 법률로 제정되었다. 이 법은 주(週) 근로 시간을 40시간으로 줄이면서 46시간 보수를 규정함으로써 영업 비용을 증가시켰으며, 노동 계약의 자유(the freedom of labor to contract)를 제한했다. 1930년대의 경제 하강은 정부의 지나친 개입, 새로운 법률들이 맹렬한 속도로 통과되고 법원에 의해 무효화되었다가 또다시 변형된 형태로 제정됨에 따라 모든 사업이 직면한 불확실성의 분위기, 높은 세금, 의무적 비용 그리고 통화 조작(그리고 이러한 열거는 수많은 개입 중의 단지 일부일 뿐이다) 때문에 대공황으로 이어졌다. 이에 대해 한스 젠홀츠(Hans Senholz)는 "1930년대는 경제생활에서 정치가 제멋대로 군 사례였다."고 언급했다.

대공황을 자유 시장 탓으로 돌리는 경제학자들은 실제 사실들과 심하게 차이가 나는 일을 하고 있다. 미국 역사 중에 그렇게 급속한 방식으로 시장이 자유롭지 못했던 적도 없었다. 케인스 이론가들은 사실을 망각한 채 자유 시장은 실패했고 경제에 대한 광범위한 정부 관리의 필요성을 입증했다고 말했다. 자유 시장주의자는 자유 시장이 안정적이라고 설명하지만, 결국 케인스 이론가가 자유 시장을 결여한 삽화적인 사건에 토대를 둔 반대 증거를 가지고 대답하는 것을 참음으로써 두 주요 진영들은 사실상 서로를 건너서 이야기하고 있다.

Anderson, Benjamin M., *Economics and the Public Welfare* (Indianapolis: Liberty Press, 1949), pp. 224–483.

Brown, Susan, et al., *The Incredible Bread Machine* (San Diego: World Research, Inc., 1974), pp. 30–53.

Hospers, John, *Libertarianism* (Santa Barbara, California: Reason Press, 1971), pp. 335–344.

Rothbard, Murray N., *America's Great Depression* (Los Angeles: Nash Publishing, 1972), pp. 167–296.

Sennholz, Hans, *The Great Depression: Will We Repeat It?* (Irvington-on-Hudson, New York: The Foundation for Economic Education, 1993).

_____, *The Politics of Unemployment* (Spring Mills, Pennsylvania: Libertarian Press, Inc., 1987), pp. 64–66, 324–325.

III

기술적인 사항들

27
방법론

사회과학에 적합한 방법론 — 하나의 지식 분야에 적용되는 원리, 절차 및 관행의 체계 — 은 연구 대상에 관한 자명한 공리(公理)를 가지고 시작한다. [자명하다는 것은 명제가 진실임이 틀림없다는 것을 의미한다. 왜냐하면, 그 명제를 부정하기 위해서는 바로 그 명제 자체를 사용해야 하기 때문이다. 예를 들어 인간 행동의 공리는 부정(否定)의 행동을 수행하지 않고는 부정될 수 없는 것과 같다!]

경제학은 자연이 주는 희소한 자원을 쓸모 있는 제품으로 변형하는 인간의 행동을 연구한다. 따라서 공리는 인간이 희소한 자원에 직면하여 목적(혹은 목표)을 추구하기 위해 행동한다는 것이다. 그러므로 목적 있는 인간 행동과 희소성이라는 부정할 수 없는 공리를 가지고 출발해서 논리적 연역에 의해 진행할 수 있다. 진행은 인간 행동과 희소성으로부터 선택의 방향으로 이루어진다. 선택으로부터 기회비용의 진리를 인식하고, 같은 방식으로 '경제학(economics)'을 포함하는 전 지식 분야에까지 확대된다. 이 방식으로 논리 연역적 추론의 연쇄에 단절이 없는 경제학적 진리가 확인된다. 이 방식은 사회과학에 적합한데, 그 이유는 인간 행동을 연구하는 데서 인간을 움직이는 동기를 이해할 수 있기 때문이다.

이 방식은 무생물을 다루는 자연과학에는 적합하지 않음에 주목하라. 무생물은 목적을 추구하지 않는다. 자연과학에서는 공리로 다음 진리를 연역하지 않기 때문에 경험적 연구로 진리를 확인해야 한다.

흔히 저지르는 잘못된 방법론적 접근법은 ― 사실을 수집하고 연구하는 것으로 정의되는 ― '실증주의(positivism)' 혹은 '경험주의(empiricism)'다. 이 접근법은 무생물과 의식이 부족한 생물에 적합한데, (물리학, 천문학 등의) 경성 과학들(hard sciences)이 지니고 있는 것과 유사한 '진지한 과학(serious science)'의 위신을 얻으려고 시도하는 경제학자들에 의해 종종 모방된다.

자유 시장을 옹호하는 사람들 가운데 시카고학파 경제학자들이 있는데, 특히 시카고학파의 접근법은 흔히 '말의 입을 벌려 이빨을 세는(open the horse's mouth and count teeth)' 방식(경험적 접근법)이라고 알려져 있다. 이것은 이빨을 세는 데는 아주 적합하지만, 목적 지향적 인간 행동의 연구에는 도움이 되지 않는다.

한 가지 예로서, (가격이 낮아지면 더 많이 구매할 것이고 그 반대도 성립할 것이라는) 수요의 법칙이 옳은지 그른지 알고 싶다고 가정해보자. 실증주의자는 수요의 법칙을 검증하기 위하여 실제 판매량을 관찰할 것이다. 그러나 말할 것도 없이 가격 이외의 많은 요소가 수요량에 영향을 미친다. 만약 가격이 높아졌을 때 수요량이 늘어나는 것으로 연구가 귀결된다면, 우리는 수요의 법칙을 그릇된 것으로 폐기해야 하는가 아니면 논리적 연역으로부터 수요 법칙은 옳은 것이 틀림없으므로 다른 요소들이 더 높은 가격의 영향을 압도했다고 알게 되는가? 머리 로스버드(Murray N. Rothbard)는 『인간, 경제 그리고 국가』(*Man, Economy, and State*)에서 이렇게 진술했다.

> ……인간 행동에서는 자연과학과는 대조적으로 사상은 오직 다른 사상에 의해 기각될 수 있을 뿐이다. 사건 자체는 올바른 사상에 의해 해석될 필요가 있는 복잡한 결과물이다(p. 840).

이러한 인간 행동 연구에서는 모든 변수를 면밀하게 통제할 길이 없고, 심지어 '철저하게(thoroughly)' 통제될 때조차 알지 못하는 것은 결코 알지 못한다. 즉, 관련 요인이 간과되었을지도 모른다. 더 나아가 경험주의자는 우선 밖에 나가서 검증할 어떤 논리적인 이론을 가지고 있어야 한다는 — 이론이 스스로의 모습을 드러낼 것을 기다리면서 예상 가능한 사실과 통계량 하나하나를 모두 수집하는 순수 경험주의자가 될 수 없다는 — 점을 주목하라. 로스버드가 『개인주의와 사회과학 철학』(*Individualism and the Philosophy of the Social Sciences*)에서 한 말을 인용해보자.

> '정신적 실험(mental experiment)'은 자연과학자의 통제된 실험실 실험을 대신하는 경제학자의 대체물이다. 사회적 세계의 관련 변수들은 실제로 일정하게 유지될 수 없으므로 경제학자는 그것들을 자신의 상상 속에서 일정하게 유지한다. 그는 언어 논리(verbal logic)라는 도구를 사용하여 한 변수가 다른 변수에 미치는 인과 관계의 영향을 정신적으로 탐구한다(p. 38).

공리로부터의 연역은 지난 200년 동안 장 바티스트 세이(John Baptiste Say: 세이의 법칙), 나소 시니어(Nassau Senior: 자본 및 가치 이론), 존 케언스(John E. Cairnes: 마지막 고전 경제학자), 칼 멩거(Carl Menger) 그리고 다른 주요 경제학자들에 의해 체계적으로 진술되어 온 보편적인 방식이었다. 이 방식은 실증주의로의 쇄도와 함께 오직 지난 수십 년간만 무시되어 왔을 뿐이다.

방법론의 두 번째 측면은 개인주의적 시각이다. 목표를 좇아 행동하는 것은 개인이므로 적합한 방식은 개인적(individual) 인간 행동을 연구하는 것이다. 이러한 방법론적 개인주의(methodological individualism)는 집단행동을 배제하지 않는다. 그것은 다만 우리에게 궁극적으로 집단은 행동하는 개개 인간들로 구성되어 있다는 점을 환기시켜줄 뿐이다. [주어진 표준적인 경제학 정의는 사회의(society's) 무한한 욕망을 만족하게 하는 데 사용하기 위한 희소한 자원의 배분이라는 것이다. 여기서 서술된 방식과는 대조적으로, 이 정의

에는 집합주의적 접근법이 들어 있음을 주목하라.]

Hayek, F. A., *Individualism and Economic Order* (Chicago: University of Chicago Press, 1948), pp. 39-91.

Hoppe, Hans-Hermann, *Praxeology and Economic Science* (Auburn, Alabama: The Ludwig von Mises Institute, 1988), pp. 8-24.

Kirzner, Israel M., "On the Method of Austrian Economics" in *The Foundations of Austrian Economics* edited by Edwin G. Dolan (Kansas City: Sheed Andrews and McNeel, 1976), pp. 40-51.

Littlechild, Stephen C., *The Fallacy of the Mixed Economy* (San Francisco: The Cato Institute, 1979), pp. 14-20.

Rothbard, Murray N., *Individualism and the Philosophy of the Social Sciences* (San Francisco: The Cato Institute, 1978), pp. 19-61.

_____, *Man, Economy, and State* (Los Angeles: Nash Publishers, 1970), pp. 1-60, 840.

28
노동 가치론

노동 가치론은 마르크스주의 혹은 사회주의 경제 이론의 근본적인 기초다. 사회주의 이론과 자유 시장주의 이론 사이의 의견 불일치는 궁극적으로 가치론의 문제로 거슬러 올라갈 수 있다.

노동 가치론은 모든 가치가 인간 노동의 결과라고 주장한다. 그 이론은 처음에는 어느 정도 그럴 듯하다. 왜냐하면, 노동은 보편적으로 추가 가치를 야기하기 때문이다. 그러나 더욱 면밀하게 분석해보면 그러한 이론에 명백한 오류가 있음이 드러난다.

만약 노동 가치론이 옳다면 다이아몬드 광산에서 발견된 다이아몬드는 바로 옆에서 발견된 바위보다 더 큰 가치를 가지지 않을 것이다.

왜냐하면, 각각은 같은 '양(amount)'의 노동 시간을 필요로 할 것이기 때문이다. 또한, 사랑하는 사람의 사진은 완전히 낯선 사람이나 증오하는 적의 사진과 같은 가치를 가질 것이다. 이 이론을 검증하려면 당신의 지갑이나 탁상용 컴퓨터를 조사해보라. 노동 가치론에 따르면, 만약 당신이 그것을 생산하는 데 필요한 노동 시간 때문에 가치를 지니는 피자 한 조각을 점심으로 먹는다면, 당신은 불가피하게 다른 조각을 똑같이 평가해야 한다. 노동 가치론은 해당 재화를 추가로 소비함에 따라 소비자에 대한 가치가 떨어진다고 진술하는 잘 확립된 한계 효용 체감의 법칙을 부정한다. 진정한 마르크스주의 신봉자가 피자 먹기를 중단하는 것을 도대체 어떻게 정당화할지는 아직도 수수께끼다.

영화를 보러 간 두 마르크스주의자가 같이 영화관을 나오면서 하는 일을 궁금하게 여겨야 한다. 각자는 자신이 친구와 의견이 다를지 모르기 때문에 그 경험의 쾌감이나 불쾌감에 관해 자기 견해를 나타내는 것을 머뭇거릴까? 결국, 그 영화는 그것의 생산에 같은 양의 노동 시간을 필요로 했다. 이 이론에서 토지 공간, 자연이 준 자원의 가치는 어떻게 결정될 수 있을까? 예를 들어 숙련된 목수가 수십 년간 쓸 수 있는 견고하고 안락한 의자를 단지 4시간 정도 걸려서 만들었고, 손재주가 없는 사람이 처음 앉자마자 망가져버리는 의자를 4일이나 걸려 만들었다고 하자. 이 경우 노동 가치론에 따르면 후자의 의자가 더 가치 있다. [마르크스는 이 마지막 딜레마에 대해 오직 '사회적으로 필요한 노동(socially necessary labor)'만이 가치를 창조한다는 비상 탈출구를 갖고 있었다. 그러나 마르크스는 사회적으로 필요하다는 것을 경쟁 시장 자체의 측면에서 정의했기 때문에 우리는 마르크스가 그토록 격렬하게 증오했던 시장 가치로 바로 되돌아온다!]

노동 가치론은 가치를 총 생산비용에 귀속시키는 애덤 스미스의 실수를 계속한 데이비드 리카도(David Ricardo)의 실수로부터 유래했다. 마르크스는 당연히 리카도의 이론을 토대로 하였고, 이런 비용이 ― 자본 장비는 '동결된 노동(frozen labor)'이 되어 ― 노동 비용으로까지 거슬러 올라갈 수 있다는 결론을 내렸다.

대체 이론 ― 올바른 가치론 ― 에서는 가치가 주관적이다. 주관적 가치론은 재화가 고유한 가치를 갖고 있지 않고 그 재화를 원하는 평가자가 있는 정도에서만 가치가 있다는 결론을 내린다.

위의 예들로 되돌아가보면, 사람들이 다이아몬드를 바위보다 더 좋아하기 때문에 다이아몬드가 더 가치 있고, 사랑하는 사람의 사진은 낯선 사람의 사진보다 사진 소유자에게는 더욱 중요하다. 더 소비하면 (불가피하게 주관적인) 쾌락이 줄어들기 때문에 사람들은 몇 조각을 먹은 후에는 피자 먹기를 멈추고, 상이한 영화는 상이한 애호가들의 기호에 호소한다. 또한, 기능이 좋은 의자가 의자 조각들의 무더기보다 훨씬 선호된다.

좀 더 근본적으로, 마르크스는 서로 교환되는 두 재화의 동등성을 탐색하는 것으로부터 자신의 노동 가치론에 도달했다. 물론, 마르크스는 각 재화에 체화된 노동이란 (중량, 부피 등과 같이 그가 처음 내버린 다른 요소들이라기보다) 그러한 동등성이라고 생각했다. 그러나 교환의 성질상 받은 재화와 교환된 재화의 주관적 가치가 같지 않을 때에만 거래가 일어난다. 만약 동등성이 진정으로 교환의 기초가 되고, 예를 들어 오렌지와 생선이 각각에 체화된 노동량이 같아서 교환된다면, 논리적으로 그것들의 노동량이 여전히 같기 때문에 두 당사자는 즉각 그 두 재화를 되돌려 거래할 것이다. 이것은 그 두 거래자가 죽어 쓰러질 때까지 끝없이 계속될 것이다! 또 다른 예로서 그리고 이 이론을 검증하기 위하여 당신이 1달러 지폐를 다른 1달러 지폐와 교환하고, 그런 다음 그것들을 되돌려 교환하고, 또다시 되돌려 교환해본 적이 몇 번이나 있는가?

요컨대, 사회주의 경제 이론 전체는 잘못된 노동 가치론으로부터 도출된 것이다. 그것은 기초의 결여로 무너질 수밖에 없다. 반면에 자유 시장경제 이론 전체는 타당한 주관적 가치론의 견고한 기초로부터 도출된 것이다.

Burris, Alan, *A Liberty Primer* (Rochester, New York: Society for Individual Liberty, 1983), pp. 181-182.

Hazlitt, Henry, *Time Will Run Back* (Lanham, Maryland: University Press of America, 1986), pp. 166-175.

Littlechild, Stephen C., *The Fallacy of the Mixed Economy* (San Francisco: The Cato Institute, 1979), pp. 11-13.

North, Gary, "The Fallacy of Intrinsic Value" in *Free Market Economics: A Basic Reader* edited by Bettina Bien Greaves (Irvington-on-Hudson, New York: Foundation for Economic Education, Inc., 1975), pp. 212-221.

Nozick, Robert, *Anarchy, State, and Utopia* (New York: Basic Books, Inc., 1974), pp. 259-260.

Rothbard, Murray N., *The Essential Ludwig von Mises* (Auburn, Alabama: The Ludwig von Mises Institute, 1983), pp. 6-13.

29
무역 적자

무역 적자와 같은 것은 없다. 거래의 본질은 자신이 받은 재화가 넘겨준 재화보다 거래자에게 가치가 더 클 때에만 각 당사자가 거래를 할 것이라는 점이다. 그러므로 모든 거래는 잉여를 발생시킨다. 각 당사자는 자발적인 거래로부터 이익을 얻는다. 무역 적자 이론은 회계학을 경제 이론에 잘못 적용한 것이다.

회계학에서는 어느 것이나 균형을 이루거나 같아야 한다. 예를 들어, 만약 어느 기업이 100달러 주고 사무용품을 산다면 그 기업은 사무용품 계정에 100달러의 차변 기입(혹은 증가)으로 그리고 현금 계정에 100달러의 대변 기입(혹은 감소)으로 거래를 기록할 것이다. 그 기업이 그러한 구매를 하는 단 한 가지 이유는 분명히 그 기업이 사무용품을 현금보다 더 선호한다는 점이다.

불행하게도, 이러한 정말로 타당한 회계 관행은 시장에서 일어나고 있는 근본 경제 현상을 모호하게 하는 방식으로 사용돼 왔다. 이렇게 올바르게 이해하면 무역 적자는 문제가 되지 않고 의미 없는 — 그리고 가짜의 — 통계가 된다.

더 나아가서, 역사적으로 미국 경제는 가장 심각한 무역 적자 기간에 호황을 누렸고 가장 큰 무역 흑자 기간에 어려운 시절을 겪었다. 바꿔 말해서 만약 무역 적자가 관심을 정당화할 타당한 경제 통계라면 예상되는 것과 정반대다. 호황기였던 1980년대는 무역 적자의 증가를 보여주었고, 가장 최근의 무역 흑자는 미국이 1974~1975년의 경기 후퇴를 겪고 있을 때 발생했다. 그 이전에는 1930년대의 대공황 시기 동안 무역 흑자가 발생했다. 무역 적자는 또한 이 나라 역사의 처음 150년간 — 엄청난 경제 성장 기간 — 에도 전형(norm)이었다.

무역 통계가 개개 주(州)들 사이라든가 동부 미국과 서부 미국 사이에 기록되지 않는다는 점을 감사해야 한다. 왜냐하면, 확실히 어떤 주어진 시점에서든 이 지정된 집단들 중 하나가 무역 적자를 경험하고 있을 것이기 때문이다! 그러한 통계들이 추적되면 정치가들과 특수 이해관계자들은 그 사실을 한탄하고 그것들을 고치도록 정부 정책을 바꾸려고 할 것인데, 그 과정에서 특수 이해관계자들을 위해 일반 국민의 금품을 훔칠 것이다.

최근에는 이 가짜 무역 적자에 대한 히스테리가 일본 쪽으로 분노의 화살을 돌렸다. 그리고 아주 확실히 일본인들은 미국에 대해 무역 흑자를 운영해 왔다. 이것이 실제로 의미하는 것은 미국 사람들이 일본 사람들이 쓸 재화를 생산하기 위해 일해 온 것보다 더 빠른 전체 속도로 일본 사람들이 미국 사람들이 쓸 재화를 생산하기 위해 일해 왔다는 점이다. 그것이 정말 그렇게 나쁜 것일까? 만약 그렇다면, 당신이 이 책을 쓴 저자에 대해 막대한 무역 흑자를 창출하는 것을 쌍수로 환영한다. 재화를 미리 보내시라. 그러면 나는 보답하지 않기로 약속하겠다.

그러나 한층 더 나아가서, 1990년의 무역 통계는 일본에서 미국으로 수출한 재화의 가치가 930억 달러이고, 미국에서 일본으로 수출한 재화의 가치가 480억 달러임 — 미국의 일본에 대한 무역 적자 — 을 보여주었다. 그러나 잠시 기다리시라. 미국 인구는 2억 5,000만이고 일본 인구는 고작 1억 2,000만이다. 그러므로 각 미국인이 일본 제품을 사고 있는 것(360달러)보다 각 일본인이 사실상 더 많은 미국 제품을 사고(400달러) 있다. 심지어 그들 자신의 기준으로 보더라도, 불평하고 싶은 사람들이 일본인들에게 불평할 여지가 별로 없다.

무역 적자는 경제학 분야로부터 정당한 가격의 이론, 중상주의 그리고 노동 가치론과 똑같은 취급 — 전적인 폐기 — 을 받을 만하다.

Allen, William R., *Midnight Economist: Broadcast Essays* (Ottawa, Illinois: Green Hill Publishers, Inc., 1981), pp. 61-63.

Mises, Ludwig von, *Human Action* (Chicago: Henry Regnery Company, 1966), p. 325.

North, Gary, "Tariff War, Libertarian Style" in *Free Trade: The Necessary Foundation for World Peace* edited by Joan Kennedy Taylor (Irvington-on-Hudson, New York: Foundation for Economic Education, 1986), pp. 109-116.

Rothbard, Murray N., *Man, Economy, and State* (Los Angeles: Nash Publishers, 1970), pp. 719-722.

_____, "Protectionism and the Destruction of Prosperity" in *The Free Market Reader* edited by Llewellyn Rockwell (Burlingame, California: The Ludwig von Mises Institute, 1988), pp. 148-161.

Wells, Sam, "The Myth of the Trade Deficit" in *The Free Market Reader* edited by Llewellyn Rockwell (Burlingame, California: The Ludwig von Mises Institute, 1988), pp. 138-143.

30
경제 계급 분석

비록 경제 계급 분석에 관한 잘못된 마르크스주의 이론이 오늘날 더 많이 알려져 있지만, 그것은 1700년대 후기의 프랑스 지식인들에 기원을 둔 경제 계급 분석에 관한 올바른 이론으로부터 1880년대 중반에 도출되었다. 이 올바른 분석을 1800년대 초기의 영어권 세계에서는 영국의 제임스 밀(James Mill)이 보고 배웠다.

밀은 경제 계급들을 국가 지배자들과 그들에 의해 착취되는 사람들로 보았다. 바꿔 말하면, 미국의 정치가 존 캘훈(John Calhoun)이 나중에 조세 납부자들과 조세 소비자들이라고 부른 것들이다. 캘훈이 『정부에 관한 논고』(*Disquisition on Government*)에서 한 말을 인용해보자.

필연적인 결과는…… 하나는 현실적으로 조세를 납부하며 물론 정부를 지탱하는 부담을 배타적으로 지는 사람들로 구성되어 있고, 다른 하나는 지출을 통해 조세의 수익을 받으며 사실상 정부의 지원을 받는 사람들로 구성된 두 개의 큰 계급들로 공동체를 나누는 것이다. 혹은 줄여 말하면 조세 납부자들과 조세 소비자들로 나누는 것이다……. 그 효과는…… 한쪽을 부유하게 하고 강화하며, 다른 쪽을 가난하게 하고 약화시킨다(p. 18).

마르크스는 타당한 이론을 취하여 그것을 고용주와 고용인 사이의 관계에 잘못 적용했다. 마르크스주의의 변형은 생산 수단의 소유자들의 이익과 그 소유자들에게 자신들의 노동을 파는 사람들의 이익 사이에 존재하는 고유한 적대감을 암시한다. 진실은 고용주들과 고용인들 사이에 상호 이로운 관계가 존재한다는 점이다 — 각각은 자신이 선택한 일들에 전문화하고 다른 사람들의 노력의 성과를 거둬들인다(저축자들과 투자자들은 생산 수단에 투자하고 노동자들은 자신들의 노동을 경상 소득을 대가로 팔아서).

Hoppe, Hans-Hermann, "Marxist and Austrian Class Analysis" in *Requiem For Marx* edited by Yuri N. Maltsev (Auburn, Alabama: The Ludwig von Mises Institute, 1993), pp. 51-73.

Marx, Karl and Friedrich Engels, *The Communist Manifesto* (New York: Pocket Books, 1964), pp. 57-79.

Mises, Ludwig von, *The Clash of Group Interests and Other Essays* (New York: Center for Libertarian Studies, 1978), pp. 1-12.

Raico, Ralph, "Classical Liberal Roots of the Marxist Doctrine of Classes" in *Requiem For*

Marx edited by Yuri N. Maltsev (Auburn, Alabama: The Ludwig von Mises Institute, 1993), pp. 189-220.

Rothbard, Murray N., *Classical Economics* (Brookfield, Vermont: Edward Elgar Publishing Limited, 1995), pp. 75-78, 385-391.

_____, *Conceived in Liberty, Volume III* (New Rochelle, New York: Arlington House Publishers, 1976), pp. 350-356.

31
정의, 재산권 그리고 상속

만약 정당하게 획득한 재산을 나중에 도둑맞는다면, 교정적인 조치는 그 재산을 도둑으로부터 소유자에게로 반환하는 것인데, 상태악화와 그것을 회복하려는 노력에 대해 도둑이 추가적으로 보상해야 한다.

만약 재산이 반환되기 전에 원래의 소유자가 죽는다면, 교정적인 조치를 바꾸어야 할까? 아니다. 도둑맞지 않은 재산이 그의 상속자들에게 전달되는 것과 마찬가지로, 재산은 그의 상속자들에게 반환되어야 한다.

만약 많은 세대가 지나간다면 이 결론은 바뀔까? 이번에도 대답은

"아니다"인데, 왜냐하면 원칙이 같기 때문이다.

만약 도둑이 죽었거나 훔친 재산을 팔았다면 어떻게 될까? 교정적인 조치가 달라지는가? 아니다. 어느 쪽이건 상관없이 재산은 당연히 원래 소유자들에게나 상속자들에게 반환되어야 한다. [이것은 부동산 거래에서 흔한 소유권 보험(title insurance)의 존재 이유 바로 그것임을 주목해야 한다.]

이제 우리는 이 이론을 실제 쟁점 — 노예제로 말미암은 흑인들에 대한 배상 — 에 적용할 수 있다.

노예들은 도둑질의 희생자들이었는가? 그렇다. 자신들의 자유뿐만 아니라 자신들의 생산물을 도둑맞은 희생자들이었다. 그러므로 교정적인 조치는 상태 악화와 회복 노력에 대한 보상과 함께 노예 소유자가 재산을 노예에게 돌려주는 것이다.

만약 노예 소유자가 죽었다면 어떻게 될까? 그러면 훔친 재화는 그의 상속자들이 받았을 것이고, 이번에도 지나간 세대들의 수와 상관없이 노예들에게 반환되어야 한다.

만약 노예가 죽었다면 어떻게 될까? 그러면 훔친 재화는 이번에도 지나간 세대들의 수와 상관없이 노예의 상속자들에게 반환되어야 한다.

이 이론은 도둑질의 희생자가 죄 없는 방관자들을 약탈할 권리를 가진다는 결론을 내리는 것일까? 대답은 "아니다"이다. 왜냐하면, 그것은 원래의 불의를 더욱 악화시킬 것이기 때문이다. 재산을 추적할 수 없어서 회수 불가능하거나 도둑이 죽고 다시 충당할 것을 남겨놓지 않았다면 희생자는 인류 일반에 대해 청구권을 갖고 있지 않고, 노예 희생자와 그의 상속자들도 마찬가지다. (도둑맞은 재화를 알지 못하고 구매하는 사람들은 시장에서 소유권 보험으로 보호받을 수 있다.)

집합적인 배상은 할 필요가 없고 정당화할 이유도 없다. 오직 도둑맞은 것으로 확인될 수 있는 재산만이 확인 가능한 노예 상속자들의 청구권 대상이 되어야 하며, 그 이하도 아니지만 그 이상도 아니다.

Burris, Alan, *A Liberty Primer* (Rochester, New York: Society for Individual Liberty, 1983), pp. 80-82.

Locke, John, *The Second Treatise of Government* (New York: Bobs Merrill Company, Inc., 1952), pp. 16-18.

Oubre, Claude F., *Forty Acres and a Mule: The Freedman's Bureau and Black Land Ownership* (Baton Rouge: Louisiana State University Press, 1978).

Rothbard, Murray N., *Egalitarianism as a Revolt Against Nature* (Washington, D. C.: New Libertarian Review Press, 1974), pp. 65-69.

_____, *The Ethics of Liberty* (Atlantic Highlands, New Jersey: Humanities Press, 1982), pp. 51-73.

Sowell, Thomas, *Knowledge and Decisions* (New York: Basic Books, Inc., 1980), pp. 266-269.

32
비용 인상

자유 경제에 적대적인 경제학자들 사이에서 특히 인기 있는 하나의 이론은 인플레이션이 경제의 총공급 감소의 형태로 비용 인상(cost push)에 의해 야기된다는 것이다. 경제의 총공급과 총수요가 물가 수준을 결정하는 단순한 분석에서는 공급 감소는 일반 물가를 상승시키는 결과를 가져올 것이다. 그렇지만 고맙게도 지속적인 인플레이션을 포함하여 우리가 살고 있는 세계는 공급 감소의 세계가 아니라 생산량이 더욱더 늘어나는 세계이다. 그렇지만 이 이론은 1970년대 동안 — 케인스 이론이 실제 경험과 충돌하는 것으로 드러난 그 10년간 — 미국에서 적용될 수 있는 것으로 으레 주장된다.

완고한 케인스 이론가들은 나쁜 날씨로 인한 농작물의 수확량 감소와 아랍 석유에 대한 금수 조치가 미국 경제에 공급 충격을 야기했고, 그리하여 인플레이션을 두 자리 숫자로 치솟게 했다고 주장한다. 이 이론의 문제점은 그것 또한 사실과 맞지 않는다는 점이다.

구 분	1970	1979	증 가
실질 GDP	2조 8,758억 달러	3조 7,968억 달러	32.02%
CPI(1982~84 = 100)	38.8	72.6	87.11%

명백하게 1970년대에는 생산이 증가하고 있었고 인플레이션 또한 증가하고 있었다. 그 인플레이션은 수요 측면으로 설명되어야 한다. 실제 경험한 바에 의하면 밀턴 프리드먼의 다음과 같은 유명한 구절이 전적으로 옳다. "인플레이션은 어느 곳에서나 그리고 항상 화폐적 현상이다."

Friedman, Milton and Rose, *Free to Choose* (New York: Harcourt, Brace, and Jovanovich, 1980), pp. 263-264.

Hazlitt, Henry, *The Inflation Crisis and How to Resolve It* (Lanham, Maryland: University Press of America, 1983), pp. 23-26.

_____, *What You Should Know About Inflation* (New York: Funk & Wagnalls, 1968), pp. 82-84.

Katz, Howard, *The Paper Aristocracy* (New York: Books in Focus, 1976), pp. 112-113.

Skousen, Mark, *Economics on Trial* (Homewood, Illinois: Business One Irwin, 1991), pp. 97-99.

Smith, Jerome, *The Coming Currency Collapse* (New York: Bantam Books, 1980), pp. 29-40.

33
필립스 곡선

필립스 곡선(Phillips Curve)은 경제가 인플레이션 문제나 실업 문제 둘 중 하나를 겪을 수는 있지만, 절대 둘 다 동시에 겪을 수는 없다는 엄격한 케인스 이론과 경험적 자료에 토대를 두고서 실업과 인플레이션 사이의 영구적 대체 관계를 역설한다. 사실상 그 둘 사이에는 영구적이거나 장기적인 대체 관계가 없다.

일시적이거나 단기적인 대체 관계가 발생하기도 하는 유일한 이유는 근로자들이 실제 상황을 이해하지 못하기 때문이다. 인플레이션이 예상 외로 증가할 때, 근로자들은 방심해서 화폐 가치에 관한 현재의 오해에 토대를 두고 직업 탐색에 종사하는 것을 계속한다. 일단 인플레이션이 화폐 가치를 훼손했음을 알게 되면, 근로자들은 감소한 화폐 가치를 보상하기 위하여 자신들의 임금 요구를 상향 조정한다. 그리하여 직업 탐색 기간을 연장하고 실업률 자체를 증가시킨다.

디스인플레이션(계속 낮아지는 인플레이션율) 때에는 이와는 반대 현상이 일어난다. 근로자들이 방심하여 비현실적인 임금률을 추구함으로써 일시적이거나 단기적인 대체 관계가 초래된다. 자신들이 예상했던 만큼 빠르게 인플레이션이 화폐 가치를 훼손하고 있지 않음을 깨닫게 되면, 근로자들은 자신들의 임금 예상을 낮춘다. 그리하여 직업 탐색 기간을 단축하고 실업률을 감소시킨다.

1970년대에는 인플레이션과 실업이 증가했고, 그다음 1980년대에는 둘 다 감소했으므로 최근의 통계는 위의 진실을 증명한다.

연 도	실 업	인플레이션	연 도	실 업	인플레이션
1970	4.1%	5.7%	1980	7.1%	13.5%
1979	5.8%	11.3%	1989	5.3%	5.4%

흥미롭게도, 밀턴 프리드먼은 영구적 대체 관계라는 필립스 곡선 개념이 대부분 경제학자들에 의해 성경처럼 간주되었던 60년대 중반에 인플레이션과 실업의 단기 대체 관계에 관해 올바르게 이해할 것을 요구했다. 더욱 놀라운 것은 루트비히 폰 미제스가 1952년에 잘못된 이론과 올바른 이론 둘 다 예상했다는 점이다!

이론을 실제 개별 미시 결정들에 연결함으로써 프리드먼과 미제스는 올바른 방법론을 적용했다. 이와 대조적으로 케인스 이론가들은 총 '인플레이션'과 총 '실업'이 하여튼 서로 직접적으로 작용한다고 믿고서 모든 경제적 질문을 개인행동에 연결시키지 못했다. 그로 인해 한 세대 전체를 오도했다.

Hayek, F. A., *Unemployment and Monetary Policy* (San Francisco: The Cato Institute, 1979), pp. 1-20.

Herbener, Jeffrey, "The Myths of the Multiplier and the Accelerator" in *Dissent on Keynes* edited by Mark Skousen (New York, New York: Prager, 1992), pp. 73-88.

Mises, Ludwig von, *The Theory of Money and Credit* (Indianapolis: LibertyClassics, 1953), pp. 458-459.

Rothbard, Murray N., "Ten Great Myths of Economics" in *The Free Market Reader* edited by Llewellyn Rockwell (Burlingame, California: The Ludwig von Mises Institute, 1988), pp. 26-27.

Sennholz, Hans, *The Politics of Unemployment* (Spring Mills, Pennsylvania: Libertarian Press, Inc., 1987), pp. 104-107.

Skousen, Mark, *Economics on Trial* (Homewood, Illinois: Business One Irwin, 1991), pp. 97-99.

34
완전 경쟁

　완전 경쟁은 현대 경제학이 기업, 가격 및 자원 배분을 다루는 과
정에서 개발한 잘못된 이론이다. 경쟁은 소비자의 후원을 끌어들이
려는 기업들 사이의 경합을 의미하는 것으로 이해되는 것이 보통이고,
또 그렇게 하는 것이 옳다. 완전 경쟁 이론은 실증주의와 수학이 경
제학에 끼친 영향력을 반영한다.

　완전 경쟁에서는 모든 기업이 같은 재화들을 생산하고, 그런 재화
들에 대해 같은 가격을 부과한다. 또한, 완전히 수평적인 수요 곡선
에 직면하고, 거래 비용을 경험하지 않는다. 그리고 구매자와 판매자
는 완전한 지식을 가진다. 이 이론에 체화된 가공할 현실성 결여 ―
이것만으로도 그것의 폐기를 정당화할 것이지만 ― 는 별도로 하고,

이 이론은 자기 모순적이기도 하다. 완전히 수평적인 수요 곡선은 바로 그 명제 때문에 자기 모순적이다. 완전히 수평적인 수요 곡선은 똑같은 가격에 계속 판매된다고 묘사하지만, 계속 늘어나는 판매량을 공급하는 것은 총공급을 늘리는 것이고 총공급의 증가는 가격을 떨어뜨린다! 그러므로 완전히 탄력적인 수요 곡선은 이론적으로 불가능하다.

덧붙여서, 완전 경쟁 이론에서는 한계 생산 비용이 ― 가격으로 표현되는 ― 소비자가 그 생산품에 부여하는 가치와 정확하게 일치할 것이므로 소비자 후생이 극대화된다고 주장한다. 그러나 경쟁을 다수의 기업들에서 찾으려고 하는 과정에서 소비자 후생을 증가시키는 대규모 생산 경제가 상실된다. 완전 경쟁의 조건들을 충족시키는 데 필요한 소규모 생산 때문에 지급 가격이 높아질 때, 기업의 한계 비용이 가격과 같다는 것을 알고서 기뻐할 소비자들은 많지 않을 것이다.

예를 들어, 완전 경쟁 하에서 100만의 자동차 생산자들이 각각 연간 10대의 자동차를 20만 달러의 한계 비용에 생산한다고 해보자. 그러나 대규모 생산 경제로 40개의 자동차 회사들이 각각 연간 25만 대의 자동차를 1만 5,000달러의 한계 비용에 생산히어 그것의 한계 비용 이상인 2만 달러라는 가격을 매길지 모른다. 소비자는 자동차를 20만 달러에 사는 것보다 2만 달러에 사는 것이 더 이익이라는 것을 부정할 수 없다. 소비자에 관한 한 한계 비용과 가격을 일치시키는 것은 전적으로 부적절하고, 인간 행동 대신에 수학적 접선(tangent)을 구하는 경제학자들만이 이와 다른 어떤 결론에 도달할 것이다.

완전한 지식이라는 가정이 전제된 '완전 경쟁 색안경(perfect competition colored glasses)'을 통해 세계를 지각하는 사람들은 당연히 광고를 비난해 왔다. 이 비난은 완전 경쟁 이론에서 초래된 또 하나의 오류다.

심지어 상상으로도 오직 극히 제한된 종류의 재화들만 완전 경쟁 조건들하에서 생산될 수 있을 것이기 때문에 완전 경쟁은 비현실적일 뿐만 아니라 바람직하지도 않다! 비현실적일 뿐만 아니라 바람직하지도 않은 사물의 상태를 표준으로 설정할 인간 생활 측면들이 완전 경쟁 외에 또 있을까?

Armentano, D. T., *Antitrust and Monopoly: Anatomy of a Policy Failure* (New York: John Wiley & Sons, 1982), pp. 37-39, 256-257, 262.

Hayek, F. A., *Individualism and Economic Order* (Chicago: Henry Regnery Company, 1972), pp. 92-106.

Kirzner, Israel, "Equilibrium versus the Market Process" in *The Foundations of Modern Austrian Economics* edited by Edwin G. Dolan (Kansas City: Sheed Andrews and McNeel, 1976), pp. 115-125.

Littlechild, S. C., *The Fallacy of the Mixed Economy* (London: The Institute of Economic Affairs, 1978), pp. 27-30.

Rothbard, Murray N., *Man, Economy, and State* (Los Angeles: Nash Publishing, 1962), pp. 633-634.

Skousen, Mark, *Economics on Trial* (Homewood, Illinois: Business One Irwin, 1991), pp. 238-253.

35
승수

승수(multiplier)는 케인스의 분석과 정책의 주요 구성 요소들 가운데 하나다. 승수 효과(multiplier effect)는 '최초의 소비 증가로부터 발생하는 더 큰 결과의 소득'으로 정의될 수 있다. [예를 들어, 100달러의 소비 증가는 최초의 소득이 연속적인 수령인(受領人) 각각에 의해 다시 소비됨에 따라 500달러라는 총 수령 소득 증가를 발생시킬 것이다. 이 수치들은 각 소득 수령자가 자신의 추가 소득의 80%를 소비하고 20%를 저축한다는 가정에 토대를 두고 있고, 공식은 승수=1/(저축의 % 변화)이다.]

근본적으로 승수란 헨리 해즐릿(Henry Hazlitt)이 『신경제학의 실패』(*The Failure of the New Economics*)에서 설명했듯이, 미친 듯이 날뛰는 이론이다.

정의상, 만약 공동체의 소득이 공동체가 소비하는 것 + 공동체가 투자하는 것과 같다면 그리고 만약 그 공동체가 소득의 9/10를 소비에 쓰고 1/10을 투자한다면 공동체의 소득은 투자의 10배가 됨에 틀림없다. 만약 공동체가 19/20를 소비에 쓰고 1/20을 투자한다면, 공동체의 소득은 투자의 20배가 됨에 틀림없다. ⋯⋯그리고 이렇게 끝없이 계속된다. 이러한 것들은 같은 것을 달리 말하는 방식들이라는 단순한 이유 때문에 옳다. 평범한 사람은 이것을 이해한다. 그러나 수학 교육을 받은 음흉한 사람이 있다고 가정해보자. 그러면 그는 공동체의 소득 중 투자에 들어가는 부분이 주어져 있을 때 소득 자체가 수학적으로 그 부분의 '함수(function)'라고 불릴 수 있다는 점을 알게 될 것이다. 만약 "투자가 소득의 1/10이라면 소득은 투자의 10배가 될 것이다." 등이다. 그런 다음 얼토당토않은 비약을 통해 이 '함수적'이고 순전히 형식적이거나 용어적인 관계는 인과 관계와 혼동된다. 그다음에는 인과 관계가 역전되어 소득에서 소비되는 비율이 클수록 그리고 투자를 나타내는 부분이 작을수록 이 투자는 더욱 많이 스스로 '증식해서(multiply)' 총소득을 창출함에 틀림없다는 놀라운 결론이 도출된다!(p. 139)

승수 이론의 기괴하지만 필요한 함의는 소득의 100%를 소비하는 (따라서 0%를 저축) 공동체는 소득을 무한대로 증가시키리라는 것이다. 소비는 확실히 일하는 것보다 낫다!

한층 더한 다음과 같은 귀류법이 해즐릿에 의해 제공된다.

Y를 전체 공동체의 소득과 같게 두라. R을 당신의(독자의) 소득과 같게 두라. V를 다른 모든 사람의 소득과 같게 두라. 그러면 우리는 V가 Y의

매우 안정적인 함수인 반면, 당신의 소득은 사회적 소득에서 능동적이고 변덕스러우며 불확실한 요소임을 발견할 수 있다. 도달된 소득이 아래와 같다고 하자.

$$V = .99999Y$$
$$그러면\ Y = .99999Y + R$$
$$.00001Y = R$$
$$Y = 100,000R$$

따라서 우리는 당신 스스로의 개인적 승수가 투자 승수보다 훨씬 더 강력하다는 것, 정부가 일정액의 달러를 인쇄해서 당신에게 주기만 하면 된다는 것을 발견한다. 당신의 소비는 당신이 소비하는 금액 자체의 10만 배나 되는 국민소득의 증가를 가져오는 자극을 가할 것이다(pp. 150~151).

승수는 잘못된 인과론에 토대를 두고 있으므로 사실상 존재하지 않는다. 오늘날 케인스주의자들은 종종 이 점을 인정하지만, 그것이 지역적 효과를 가지고 있다는 사실을 인용함으로써 자신들의 승수에 집착한다. 그들이 명시적으로 그렇게 말하지는 않지만, 이것이 의미하는 것은 만약 소득을 조지아 시민에게서 빼앗아서 매사추세츠에 쓴다면 그것은 매사추세츠 경제에 도움이 될 것이라는 것이다! 물론, 이것은 총소득을 원래의 승수 이론이 가정하는 만큼 증가시키지는 않을 것이다.

승수는 정부의 소비를 변명하기 위해 쟁점을 흐리려는 정교한 시도다. 그것과 케인스 이론은 어느 화폐광(狂)이나 행하는 인플레이션 요구의 정교한 변형에 다름 아니다. 즉, 케인스는 17세기의 중상주의 견해의 오류들을 용케 훑어내어 그것들을 '신경제학(new economics)'이라고 다시 이름 붙였을 뿐이다.

*

Hazlitt, Henry, *The Failure of the New Economics* (New Rochelle, New York: Arlington House, 1959), pp. 139, 150-151, 337-373.

Keynes, John Maynard, *The General Theory of Employment, Interest, and Money* (New York: Harcourt, Brace, and Javanovich, 1936), 제23장.

Mantoux, Etionne, 'Mr. Keynes' "General Theory" in *The Critics of Keynesian Economics* edited by Henry Hazlitt (New Rochelle, New York: Arlington House, 1977), pp. 107-109.

Mises, Ludwig von, *Planning for Freedom* (South Holland, Illinois: Libertarian Press, 1974), pp. 50-63.

Rothbard, Murray N., *Man, Economy, and State* (Los Angeles: Nash Publishing, 1970), pp. 757-759.

Skousen, Mark, *Economics on Trial* (Homewood, Illinois: Business One Irwin, 1991), pp. 63-71.

36
계산 논쟁

원래 사회주의 이론들은 사적으로 소유하는 재산의 폐지뿐만 아니라 화폐와 가격의 폐지도 상상하였다. 그러나 1920년에 루트비히 폰 미제스는 그러한 사회주의 경제는 생산을 합리적으로 배분할 수 없을 것이라는 증명으로 사회주의자들에게 충격을 주었다. 화폐와 가격이 없는 사회주의에서의 생산은 자의적이며, 아무런 합리적 토대도 갖지 못할 것이다. 화폐와 가격은 경합적인 대안들 사이에서 선택할 수 있도록 해주는 가치 척도를 제공한다.

하나의 예로서, 고미 다락방을 단열할 것인지 말 것인지 결정할 때, 당신은 단열재의 가격을 절약되는 에너지의 가격과 비교해야 한다. 상대 가격을 전달할 화폐와 가격을 갖고 있지 않은 경제 — 즉, 단열재와 천연 가스라는 재화만 있는 경제 — 에서는 단열하는 것이 타당한지 하지 않는 것이 타당한지 판단이 서지 않을 것이다. 오래된 잔디 깎는 기계를 수선해야 할까 아니면 새로운 것을 사야 할까? 무엇이 경제적으로 타당한지는 분명히 수선 가격과 새로운 잔디 깎는 기계의 가격에 달려 있다. 화폐와 가격의 결여는 소비자의 결정을 파괴한다. 그것만으로도 경제적 복리에 아주 나쁘다.

그러나 더욱더 극적으로 파괴적인 것은 경제의 생산 수준에서 이와 같은 것이 없다는 점이다. 시(市)에 빵집을 하나 추가하는 것이 타당할까? 사회주의자들은 알 길이 없을 것이다. 왜냐하면, 이번에도 그들의 앞에 있는 것은 토지, 콘크리트, 밀가루, 예상되는 미래의 빵 등과 같은 재화뿐이기 때문이다. 이러한 생산 과정에서 한 발자국 더 나아가면, 사회주의 관리자들이 흙을 옮기는 데 삽을 가진 인부를 사용하기보다 불도저를 세워야 할까? 불도저는 강철(steel)로 만들어야 할까, 쇠(iron)로 만들어야 할까, 아니면 일부는 나무로 만들어야 할까? 강철은 새로 채광한 광석으로 만들어야 할까, 아니면 재처리된 강철로 만들어야 할까? 채광 작업에는 천연 가스로 동력을 공급해야 할까, 증기로 동력을 공급해야 할까, 아니면 전기로 동력을 공급해야 할까? 천연 가스는 트럭으로 운반해야 할까, 기차로 운반해야 할까, 아니면 가스관으로 운반해야 할까? 선진 공업 경제에서는 거의 무한히 많은 경제적 결정이 내려진다. 그러나 화폐와 가격이 없는 사회주의 경제에서는 이러한 결정들은 도무지 합리적인 방식으로 내려질 수 없다.

자신들 이론에서의 결점을 지적해준 미제스에 감사를 표한(그리고 그의 공헌에 대해 미래의 사회주의 광장에 미제스의 동상을 세울 것을 제안한!) 후에 사회주의자들은 이 문제를 해결하려고 시도하였다. 그들의 궁극적인 해답은 무엇이었는가? 어느 데이브 배리(Dave Barry) 칼럼에나 나오는 "나는 이것을 날조하고 있지 않습니다(I'm not making this up)!"라는 말을 인용하면, 계산 문제에 대한 사회주의자의 궁극적인 해답은 사회주의 공장 관리자들로 하여금 시장 '행세를 하게(play)' 하는 것 — 즉, 자원과 산물이 가격을 갖는 척하고 그다음 그에 따라 생산을 조정하는 것 — 이었다.

물론 이것은 현명한 대답이 아니었다(비록 사회주의자들이 충분히 문제를 제기했다고 여기고서 논쟁에서 신속하게 빠져나가버렸지만). 영업 의사 결정을 하는 척하는 것은 실제 사적으로 소유되는 화폐와 자원 — 의사 결정자의 복리에 실제적인 영향을 미치는 화폐와 자원 — 을 실제로 투자하는 영업 의사 결정에 절대 가까이 도달하지 못할 것이다.

Hayek, F. A., *Individualism and Economic Order* (Chicago: University of Chicago Press, 1948), pp. 119-208.

Hoff, Trygve J. B., *Economic Calculation in the Socialist Society* (Indianapolis: LibertyPress, 1981).

Mises, Ludwig von, *Economic Calculation in the Socialist Commonwealth* (Auburn, Alabama: Ludwig von Mises Institute, 1990).

_____, *Human Action* (Chicago: Henry Regnery Company, 1966), pp. 698-715.

Rothbard, Murray N., "Ludwig von Mises and Economic Calculation under Socialism" in

The Economics of Ludwig von Mises edited by Laurence S. Moss (Kansas City: Sheed and Ward, Inc., 1976), pp. 67-78.

_____, *Man, Economy, and State* (Los Angeles: Nash Publishing, 1970), pp. 548-549.

37
경제사상의 역사

    14~17세기 스페인의 스콜라 철학자들은 우리의 현대 경제학 이해와 거의 비슷한 일련의 사상을 생산했다. 이러한 학자들의 연구는 우리가 이어받은 영어권 세계에서는 거의 망각되었다. 18세기에 프랑스의 중농주의자들은 튀르고(A. R. J. Turgot)와 리처드 캉티용(Richard Cantillon)을 포함한 그 당시의 저명한 경제학자들과 더불어 이 학문 분야를 진척시켰다. 그들은 왕에게 자유 시장을 수용하도록 영향력을 미쳐 정책을 변경하려고 시도했으나 군주정 제도 자체를 비정당화하는 결과가 됨에 따라 이러한 프랑스 자유방임 옹호자들은 전략적 실수를 저질렀다. 따라서 연좌제(guilt by association)는 자유방임 이론가들의 신뢰성을 손상시켰다.

1776년에 스코틀랜드인 애덤 스미스는 『국부론』(*The Wealth of Nations*) 을 출판하였는데, 자신의 생산비 가치론으로 인해 이 학문 분야를 더욱 퇴보시켰을 뿐이다. (스미스가 자신의 분석에서 전문화와 분업을 강조한 것은 옳다.) 올바른 주관적 가치론은 스페인의 스콜라 철학자들과 프랑스의 자유방임 학파도 이해했다. 애덤 스미스의 강의 노트를 볼 때 스미스가 자신의 책 출판 이전에 한계 효용 분석을 보증했다는 점이 명백하므로 왜 애덤 스미스가 주관주의 대신 잘못된 생산비 이론을 택했는지는 굉장한 수수께끼다. 오스트리아의 칼 멩거(Carl Menger), 영국의 윌리엄 스탠리 제번스(William Stanley Jevons) 그리고 스위스의 레옹 발라(Leon Walras)와 더불어 1870년대의 한계 혁명(marginal revolution)은 올바른 한계 접근법을 재수립하였다. 이에 대해 조지프 슘페터(Joseph Schumpeter)는 『경제사상사』(*The History of Economic Thought*)에서 이렇게 진술했다.

튀르고의 논저가 출판된 후 기민한 전문직이 그 내용을 올바르게 이해하고 소화했더라면 20년 정도면 도달할 수 있었을 것을 분석 경제학이 1세기나 걸렸다고 말하는 것은 지나친 과장이 아니다(p. 249).

불행하게도, 한계 효용 이론은 20세기에는 실증주의로의 쇄도와 함께 수학적 방식으로 잘못 빠져들었다.

멩거의 오스트리아학파적 전통은 한계 효용 분석을 적용한 루트비히 폰 미제스의 이론들에서 완성되었다. 한계 효용 분석은 처음으로 화폐에 적용되었고, 그로부터 1920년대에는 올바른 경기 순환 접근법이 생겨났다. 이러한 접근법은 1930년대 초기, 하이에크(F. A. Hayek)가 영국에 등장함과 더불어 영어권 세계에서도 진전을 보였다. 그러나 1930년대 후기에는 그 이름도 멋진 케인스 혁명(Keynesian Revolution)이 오스트리아학파 이론들을 — 기각을 통해서가 아니라 무시를 통해 — 대체하여 거시 이론과 그 밑바탕을 이루는 미시적 강조를 분리시키는 괴상한 지점까지 경제 이론을 끌고 갔고, 경제 이론은 오늘날까지도 이 지점에 머물러 있다.

Chafuen, Alejandro, *Christians for Freedom* (San Francisco: Ignatius Press, 1986).

Rothbard, Murray N., *Egalitarianism as a Revolt Against Nature* (Washington, D. C.: New Libertarian Review Press, 1974), pp. 1-13.

_____, *Economic Thought Before Adam Smith* (Brookfield, Vermont: Edward Elgar Publishing Limited, 1995), pp. 67-133, 435-471.

Schumpeter, Joseph, *History of Economic Analysis* (New York: Oxford University Press, 1978), pp. 245-249.

Spiegel, Henry William, *The Growth of Economic Thought* (Durham, North Carolina: Duke University Press, 1971), pp. 194-195, 248-250.

Tucker, Jeffrey, "The Economic Wisdom of the Late Scholastics" in *The Economics of Liberty* edited by Llewellyn Rockwell (Auburn, Alabama: The Ludwig von Mises Institute, 1990), pp. 73-77.

연표

1350~1700	스페인의 스콜라 철학자들
1766	『성찰』(*Reflections*) 튀르고(A. R. J. Turgo, 1727~1781)
1776	『국부론』(*The Wealth of Nations*) 애덤 스미스(Adam Smith, 1723~1790)
1848	『공산당 선언』(*The Communist Manifesto*) 카를 마르크스(Karl Marx, 1818~1883)
1912	『화폐 및 신용의 이론』(*The Theory of Money and Credit*) 루트비히 폰 미제스(Ludwig von Mises, 1881~1973)
1936	『일반 이론』(*The General Theory*) 존 메이너드 케인스(John Maynard Keynes, 1883~1946)
1962	『자본주의와 자유』(*Capitalism and Freedom*) 밀턴 프리드먼(Milton Friedman, 1912~2006)
1962	『인간, 경제 그리고 국가』(*Man, Economy, and State*) 머리 로스버드(Murray N. Rothbard, 1926~1995)